Prach Jejích nohou

Část 2

Prach Jejich nohou

Část 2

Amma – úvahy nad učením

Swami Paramatmananda Puri

Mata Amritanandamayi Center, San Ramon
Kalifornie, Spojené státy americké

Prach Jejích nohou – Část 2
Amma – úvahy nad učením
Swami Paramatmananda

Vydal:
    Mata Amritanandamayi Center
    P.O. Box 613
    San Ramon, CA 94583
    Spojené státy americké

———————— *The Dust of Her Feet Volume 2 (Czech)* ————————

Copyright © 2017 Mata Amritanandamayi Center, P.O. Box 613
San Ramon, CA 94583, Spojené státy americké

Všechna práva vyhrazena: Žádná část této publikace nesmí být bez předchozího písemného svolení vydavatele reprodukována v jakékoli formě nebo jakýmkoli způsobem, elektronickým či mechanickým, včetně fotokopírování, nahrávání nebo pomocí jakéhokoli systému ukládání a vyhledávání informací.

První vydání: duben 2017

V České republice:
    cz.amma.org

V Indii:
    inform@amritapuri.org
    www.amritapuri.org

Obsah

Věnování		6
Předmluva		7
Kapitola 1	Skutečný guru	9
Kapitola 2	Láska versus poznání	15
Kapitola 3	Odpoutanost	19
Kapitola 4	Jednota s Bohem	25
Kapitola 5	Dětská nevinnost ve vztahu ke guruovi	33
Kapitola 6	Laskavost versus sobectví	41
Kapitola 7	Naší skutečnou Podstatou je mír	47
Kapitola 8	Jedinečný smysl lidského zrození	53
Kapitola 9	Potřeba odříkání	65
Kapitola 10	Vásány	71
Kapitola 11	Pozorování	83
Kapitola 12	Touha po Bohu	89
Kapitola 13	Buďte jako děti, ale nebuďte dětinští	93
Kapitola 14	Práce jako uctívání	97
Kapitola 15	Velká síla Máji	109
Kapitola 16	Bůh je konatelem	117
Kapitola 17	Probuďte se, probuďte se!	125
Kapitola 18	Odevzdání a odpoutanost	133
Kapitola 19	Pravdivost a odpovědnost	145
Kapitola 20	Člověk – Oslava stvoření	151
Slovník pojmů		*161*

Věnování

Pozdravení Šri Máta Amritánandamají Devi,
Matce všech,
té, která zbavuje svět trápení
té, jež naplňuje světlem temnotu svých oddaných,
odkrývající se v srdci jako věčné Vědomí
a zářící jako transcendentní Pravda v tomto světě i
za ním.

Předmluva

Od roku 1968 žije Swámi Paramátmánanda Puri jako mnich v Indii, kam odešel ve svých devatenácti letech, aby vstřebal duchovní podstatu tamější velké starověké kultury. Během svého pobytu měl štěstí na setkání s mnoha svatými lidmi, což vyvrcholilo, když potkal svého gurua, Máta Amritánandamají roku 1979.

Když se swámi poprvé setkal s Ammou, ptal se, jak má pokračovat se svou sádhanou a odpověď zněla: „Buď jako prach pod nohama všech bytostí." Tak vznikl titul této knihy.

Jako jeden z jejích prvních žáků byl požádán k návratu do USA, aby stál v čele prvního ašramu na Západě, centra Máta Amritánandamají v Kalifornii, kde působil v letech 1990 – 2001.

Mnoho obyvatel i návštěvníků centra si stále pamatuje, že jedním z nejinspirativnějších okamžiků byly swámiho přednášky, které popisovaly jeho zkušenosti z Indie, vhled do učení Ammy a spirituálních textů a jeho život na duchovní cestě. Vtipně a s humorem syntetizuje Východ i Západ a vytváří prostor ke studiu spirituality pro jednotlivce všech profesí a oborů.

Přestože swámi od svého návratu do Indie r. 2001 neměl žádnou veřejnou přednášku, mnoho nahrávek jeho satsangů nebylo ještě publikováno. Kniha zveřejňuje část onoho materiálu včetně některých jeho článků, které sepsal po návratu do Indie.

Vydavatel
M.A. Center
Září 2015

Kapitola 1

Skutečný guru

Když jsem se dostal k Ammě, byl jsem velmi šťasten a zažíval jsem klid, nebo jsem si to alespoň myslel. Když jsem však zůstal v ašramu trvale, začalo se mi vyplavovat množství negativních myšlenek a pocitů, jako pochybnosti, vztek a žárlivost. Měl jsem pocit, že Amma manipuluje různé situace přesně tak, abych se ukázal v tom nejhorším světle; nejen já, ale i všichni ostatní. Svatá přítomnost Ammy mi přinášela blaženost, ale extrémně bolestivé bylo, že většinu času jsem zažíval mentální neklid. Mnohokrát jsem chtěl ašram opustit a vrátit se zpět do klidné vesnice, kde jsem žil než jsem se s ní setkal. Nicméně mi bylo jasné, že Amma je Boží bytost a pravděpodobně jediný žijící člověk, který mi může ukázat cestu k tomu, co jsem si přál. Její přitažlivost byla neskutečná. Já však prosil o klid, nikoli o utrpení!

V mých světlejších chvilkách jsem postupně chápal, že se na povrch pouze dostává to, co mám hluboko skryté uvnitř sebe. Sice jsem před tím prodělal určitou mentální očistu, ale Amma chtěla zasáhnout do těch nejtemnějších koutů a vyhnat odtud veškeré skrývající se démony. Ve spirituálním životě platí jedno zlaté pravidlo: co je uvnitř, musí vyjít ven, než budeme zažívat skutečný klid a blaženost. Abychom se uzdravili, musíme vyzvracet jed, který jsme v minulosti spolkli. Amma nás nemůže naplnit blažeností, pokud v nádobě naší mysli zbývají nějaké nečistoty.

Jak ale mohu zcela vyprázdnit svou mysl? Zajisté ne sám. Naše nejniternější negativity se musí nějakým způsobem objevit na povrchu mysli, abychom je mohli spatřit a na vědomé úrovni s nimi pracovat. To je jeden z úkolů gurua; vynést na povrch to, co existuje uvnitř. Na hodně zašpiněnou láhev potřebujete tvrdý kartáč. Amma říká:

> „Guru bude žákovi vytvářet překážky a utrpení. Žák je musí všechny překonat intenzivní sádhanou. Spiritualita není pro líné lidi. Obtíže na jemné úrovni se jen těžko dají srovnat s utrpením vnějšího světa. Ten, kdo vše věnuje Satguruovi, se nemusí ničeho bát."

Díky kontaktu se skutečným guruem se učíme, čeho se zbavovat a co je vhodné kultivovat, uvnitř naší mysli i ve vnějším jednání. Guru se stane tím, co nás vede, naší inspirací a příkladem. Zde bychom se ale neměli zastavit. Musíme zjistit, že de facto každá situace v našem životě pochází od gurua, a jako taková má podpořit náš duchovní rozvoj. Příroda guruovi pomáhá a on ji užívá pro naši spirituální evoluci. Cokoli se nám stane tak skýtá možnost, abychom se duchovně zdokonalili, protože cílem lidského života je osvobození. Kdo dokáže zaujmout tento postoj, je již na půli cesty k cíli. Není to snadné, protože jsme většinou zaměstnáni vnějšími záležitostmi jako jídlo, sex, společenský život, vydělávání peněz atd. Jako ryba, která nedokáže vidět oceán, protože se stará o potravu, anebo aby se potravou nestala.

Příběh o skrytém učiteli

Jeden člověk, který strávil mnoho let studiem duchovních principů, dostal jednoho dne pocit, že nastal čas, aby šel a získal přímý vhled do Skutečnosti. „Půjdu," řekl si „a vyhledám Skrytého učitele, o kterém se říká, že je v mém nejniternějším já."

Vyšel z domu a natrefil na sádhua ubírajícího se prašnou cestou. Vydal se tedy za ním a čekal, až sádhu promluví.

Sádhu nakonec promluvil: „Kdo jsi a kam jdeš?"

„Zajímám se o spiritualitu a chci najít Skrytého učitele."

„Půjdu s tebou." Řekl sádhu.

„Můžeš mi pomoct ho najít?"

„Skrytý učitel, říká se, je v lidském já. Jestli jej najdeš, závisí na tom, jak naložíš se svými zkušenostmi. Jedná se o něco, co ti můžu vysvětlit jen částečně."

Po chvíli došli ke stromu, který se nakláněl a ve kterém praskalo. Sádhu se zastavil. „Strom říká: „Něco mi působí bolest; zastavte se na chvíli a vyjměte mi to z boku, ať si na okamžik odpočinu."

„Právě moc spěchám." Odpověděl druhý muž a konec konců říkal si v duchu, „copak strom může mluvit?" Oba muži tedy pokračovali svou cestou.

Ušli pár kilometrů a sádhu řekl: „Když jsme byli blízko stromu, zdálo se mi, jako bych cítil med. Možná, že v dutině stromu měly plástve divoké včely."

„Je-li tomu tak, vraťme se rychle zpátky a medu si nabereme; můžeme ho sníst nebo cestou prodat.

„Jak si přeješ." Řekl sádhu.

Když přišli ke stromu, spatřili však již jiné poutníky, jak vybírají obrovské množství medu.

„Takové máme štěstí!" Říkali. „Máme dostatek medu, abychom nakrmili celé město. Z nás chudých pocestných se nyní mohou stát obchodníci; máme před sebou růžovou budoucnost."

Sádhu i jeho nový přítel, jakmile zaslechli jejich slova, vydali se opět na cestu.

Přišli k hoře a na jejím svahu zaslechli hučení. Sádhu položil ucho k zemi a řekl: „Pod námi jsou miliony mravenců, kteří staví kolonii. Hučení je jejich soustředěné volání o pomoc. V mravenčím jazyce znamená: „Pomozte nám, pomozte nám. Hloubíme úkryt, ale narazili jsme na divné kameny, které nám brání." Zastavíme se a pomůžeme nebo chceš rychle pospíchat dál?"

„Mravenci a kameny nejsou nic pro nás, bratře." Řekl muž. „Protože já teď hledám svého Učitele."

„Máš pravdu, bratře." Odpověděl sádhu. „Říká se však, že všechny věci jsou propojené a tato událost může být třeba nějak spojena s námi."

Mladého muže ale starcovy rady nezaujaly a tak opět pokračovali v cestě.

Zastavili se, aby přečkali noc a mladý muž zjistil, že ztratil svůj nůž. „Musel mi vypadnout někde vedle mraveniště." Poznamenal. Dalšího rána se tedy vrátili.

Když přišli zpět k mraveništi, po noži nebylo ani stopy. Namísto toho uviděli, jak vedle hromady zlatých mincí odpočívá skupina zašpiněných lidí.

„Tyhle zlaťáky, to je skrytý poklad, který jsme právě vykopali. Byli jsme na cestě a najednou k nám přišel jeden velmi starý svatý muž a povídá: „Kopejte na tomto místě a naleznete to, co pro někoho je kamenem a pro jiného zlatem."

Mladý muž si zoufal na svůj osud. „Kdybych se býval včera večer zastavil, oba jsme mohli být bohatí, sádhu." Špinaví lidé poznamenali: „Ten sádhu, co je s tebou, vypadá stejně zvláštně jako ten, kterého jsme potkali včera."

„Všichni sádhuové jsou si velmi podobní." Odvětil sádhu.

Oba muži tedy pokračovali na své cestě dál. Za několik dní přišli k nádhernému říčnímu břehu. Sádhu se zastavil. Když čekali na převozníka, nad hladinu několikrát vyskočila ryba a lapala po dechu.

„Ta ryba," Řekl sádhu. „Nám chce něco říct. „Spolkla jsem kámen. Chytněte mě a dejte mi k jídlu určitou bylinu. Kámen pak vyzvracím a uleví se mi. Poutníci, mějte se mnou slitování!"

V tu chvíli se objevil převozník a mladý muž, který netrpělivě pospíchal, začal tlačit sádhua do loďky. Převozník byl rád za několik mincí, které za svou službu dostal, a oba cestovatelé strávili na druhém břehu klidnou noc. Přespali v čajovně, kterou nechala postavit nějaká šlechetná duše.

Ráno popíjeli svůj čaj, když se náhle objevil převozník: „Včerejší večer byl můj nejšťastnější okamžik." Povídá. „Poutníci mi přinesli štěstí." Uctivě políbil sádhuovi ruku, aby dostal požehnání. „Všechno si to zasloužíš, můj synu." Řekl sádhu.

Převozník byl nyní bohatý a stalo se to následovně. Právě se chystal jít domů, jako každý večer, když však na opačném břehu uviděl dvě osoby. Rozhodl se, že je tedy ještě převeze, aby získal požehnání za pomoc chudým poutníkům. Když se chystal vytáhnout loď, spatřil rybu, která vyskočila na břeh a s velkým úsilím se snažila spolknout jednu rostlinu. Rybář jí dal bylinu do úst a ryba vyvrhla kámen a skočila zpět do vody. Nebyl to běžný kámen, ale zářící ryzí diamant obřích rozměrů.

„Ty jsi ďábel!" Zvolal mladík plný vzteku na sádhua. „Pomocí nějakých skrytých sil jsi věděl o všech třech pokladech, ale nikdy jsi mi to včas neřekl. To je pravé přátelství? Ani dříve jsem mnoho štěstí neměl, ale bez tebe bych alespoň nevěděl o všech věcech, o které jsem přišel ve stromu, mraveništi a s rybou!"

Sotva stačil svá slova dopovědět, když tu najednou ucítil, jak skrze jeho nejniternější duši proniká silný vítr. V tu chvíli poznal, že přesně opak je pravdou.

Sádhu se zlehka dotkl mužova ramene a usmál se: „Bratře, nyní jsi poznal, že se můžeš učit ze zkušenosti. Jsem ten, kdo je zde na pokyn Skrytého učitele."

Od onoho dne se hledající muž stal známý pod jménem "Ten, který porozuměl."

Kapitola 2

Láska versus poznání

Existujeme ve věku technologie. Život býval velmi jednoduchý a na některých místech stále ještě je. Lidé žili prostým způsobem, bez elektřiny. Na to, aby si řádně procvičili tělo, jim stačily jejich každodenní povinnosti. Žili v úzkém vztahu s přírodou. Jejich radosti byly prosté a nevinné a v jejich myslích zářily ušlechtilé vlastnosti jako pokora, trpělivost a sebeobětování.

Pak přišla elektřina a technologie. Podívejme se na dnešní trend. Lidé mají tolik pýchy. Kde je pýcha, tam je vztek a netrpělivost. Jsou neklidní, jen aby měli stále něco nového. Svůj volný čas tráví u televize, internetu a jiných druhů zábavy. Množství sobecké bezcitnosti a krutosti stále narůstá a příliv násilí nikdo nedokáže zastavit. Od dětství je člověk bombardován falešnými ideály násilí, vzteku, moci, postavení a nevázané sexuality.

Technologie sama o sobě není zlem. Musí být však využívána nejen za účelem efektivity, pohodlí a zábavy, ale zejména pro přijetí vyšších ideálů. Všimněme si, jak se cítíme po shlédnutí inspirativního pořadu. Efekt může trvat hodiny, možná i dny. Inspirující kniha, která se nám dostala do rukou jako důsledek rozvoje knihtisku, nám může změnit život.

Obecně však technologie u většiny z nás potlačila dobré kvality a učinila nás nadměrně intelektuálními. Na svém intelektu závisíme ve všem. U všeho musíme znát proč a jak. Víra se oslabila či úplně zmizela a nepřichází, dokud není nejprve uspokojen náš intelekt. V materiálním smyslu jsme získali, ale po duchovní stránce je to katastrofa. Štěstí, které má být trvalé a uspokojivé, musí být v srdci, nikoli v hlavě. Je rozdíl, jestli známe veškeré ingredience, z nichž je lahodné jídlo připraveno nebo jestli jídlo sníme.

Jak říká Amma:

„V dnešním světě dávají lidé větší přednost intelektu než srdci. Tato změna není moc povzbudivá. Pouze když kultivujeme nevinné a otevřené srdce, můžeme dosáhnout Boží říše. Není pravda, že v našem rozvoji nemá intelekt místo. Potřebujeme hlavu i srdce. V našem růstu mají oba svou roli. Právě pomocí intelektu rozlišujeme, co je špatné a dobré, co je skutečné a neskutečné, trvalé a pomíjivé. Má to však své chyby. Intelekt je jako nůžky. Povaha nůžek je schopnost stříhat a rozdělovat. Intelekt nemá šíři či expanzivitu, aby zahrnul a přijal všechno. Pokud se budeme řídit jen intelektem, kouzlo života se nám vytratí. Na druhou stranu srdce je jako nit. Jeho povaha je věci sešívat a spojovat. Přijímá a sjednotí i ty nejodlišnější a zcela nesourodé věci. Inspiruje nás, abychom ve všem viděli a ze všeho přijali jen to dobré. Abychom dokázali vést harmonický život a dosáhnout trvalého cíle, kterým je Bůh, potřebujeme jak srdce, tak intelekt. Roztrhneme-li látku na kusy o správné velikosti a zastřihneme je nůžkami, pak použijeme nit, abychom vše sešili a vyrobili si košili, halenku nebo šaty.

Naše první modlitba by měla být za to, abychom získali srdce, které se raduje ze štěstí druhých a sdílí jejich trápení. Skutečné

Boží děti jsou ti, kteří vnímají štěstí i utrpení druhých jako své vlastní."

S takovou intelektuální myslí vcházíme do spirituálního života, přicházíme za Ammou. U ní poznáváme, co skutečně znamená otevřené srdce a o to víc si uvědomujeme svou vyprahlost. Náš intelekt se však díky tendencím z minulosti stává kritickým, vytváří úsudky a snaží se Ammu zaškatulkovat a pochopit, místo aby se obohatil její přítomností. Nadměrným intelektualizováním nám může dokonce i uniknout, proč s ní vlastně jsme.

Láska k Bohu versus Jeho poznání

Žil kdysi jeden *pandit* (učenec), který dobře znal všechny svaté texty. Písma však touhu jeho mysli neuspokojila, protože nechtěl poznat nic menšího než samotného Boha. V písmech pomoc nenacházel, tak se odebral na osamělé místo daleko od lidí, kde si postavil poustevnu, aby se mohl cele věnovat dokonalému poznávání Boha. Poustevník, který měl jen velmi málo přání, zasvětil celé dny a noci jediné touze svého srdce. Dny a měsíce ubíhaly, on však nic o Bohu pochopit nemohl.

Uběhly roky, ale vytrvalý a neúnavný poustevník stále nevěděl nic. Mládí odešlo a mezi poustevníkovými dlouhými hnědými kadeřemi se začaly objevovat šediny; jeho problém stále zůstával nevyřešen.

Jednoho dne se procházel po pláži s deprimovaným a zamyšleným výrazem. Přemítal o svém neúspěšném úsilí a zvažoval, jestli s tím má přestat, když najednou spatřil nedaleko před sebou malého chlapce, který něco horlivě dělal. Napadlo jej, že je to dítě rybáře, které tam možná otec nechal, když se vydal na moře na ryby. Vrtalo mu však hlavou, proč by rybář vzal z domu tak malé dítě a nechal je tam samotné. Šel se tedy dítěte zeptat. Dítě si jeho příchodu vůbec nevšimlo, protože mělo plné ruce práce: ve svých drobných ručkách přenášelo na písek mořskou vodu. Poustevníkova zvědavost při natolik neobvyklém pohledu vystoupala na nejvyšší míru a začal se chlapce ptát: kdo chlapec je, proč tam nosí vodu, kam odešel jeho otec atd., ale chlapec neměl na odpovědi čas – malá bytost byla tak zaujata svou očividně nesmyslnou činností. Dítě, které už chtělo mít klid, nakonec učenci jednou nesmlouvavě řeklo: „Pane, nemám čas si s vámi povídat. Nevidíte, že musím vynést všechnu tu vodu z oceánu a vysušit ho?"

„Jsi blázen?" Zeptal se mudrc. „Ty, malé dítě, chceš vysušit celý tento nekonečný oceán? Ani celé lidstvo dohromady by to nedokázalo."

„Proč, pane," odpovědělo dítě. „Je pro mne nemožné vysušit tento nekonečný oceán a uvidět, co skrývá ve svých hlubinách, když je pro vás možné poznat a odhalit nekonečnou hlubinu Boha?"

Po těchto slovech dítě zmizelo a nikdo už je nikdy neviděl. Jeho kouzelná slova, která si našla cestu do panditova srdce, však navždy zněla v učencových uších a naplnila jeho srdce nesdělitelnou radostí. Od toho dne se vzdal svého marného úsilí a místo, aby se snažil Boha poznat, začal Jej milovat.

Kapitola 3

Odpoutanost

Ti, kdo čtou knihy od Ammy, si všimnou, že klade velký důraz na odpoutanost. Můžeme získat pocit, že Amma všem říká, aby se stali brahmačáriny (žáky v celibátu) či sanjásiny (mnichy). Ve skutečnosti to tak není. Jen chce, abychom zůstali v klidu, ať si námi osud zahrává, jakkoli se mu zlíbí. Pro většinu z nás stačí malá nepříjemnost v práci či doma a ihned se začneme zlobit nebo dostávat do afektu. Myslíme si, že je to úplně normální, protože se tak chovají všichni. Amma však říká, že není důvod, abychom ztráceli klid nebo se cítili špatně, změní-li se okolnosti, věci dopadají jinak, než si přejeme nebo se druzí chovají jinak, než jsme čekali. Říká, že naše štěstí nesmí tak moc záviset na vnějších věcech či lidech. Uvnitř mysli každé živé bytosti existuje ojedinělý zdroj štěstí, nelze jej však vidět; je jako máslo v mléce. Abychom onen drahokam získali, je třeba pracovat. Když uspějeme, pak nám ho nic nevezme, ani nemoc či smrt. Trvalý vnitřní klid je pravým plodem spirituality.

Jeden nepříliš inteligentní král si stěžoval, že mu ostrá zem poranila chodidla a nařídil, aby celá země byla pokryta kravskou kůží. Královský šašek, kterému král své nařízení prozradil, se začal smát. „To je úplně absurdní nápad, králi", zvolal. „Proč tak zbytečné výdaje? Stačí, když si z kůže vystřihnete dva malé kusy a obalíte si do nich své nohy!" Osvícení ví, že aby se svět stal bezbolestným místem, musíte změnit své srdce, nikoli svět.

Ve starověké Indii žil princ jménem Šrí Ráma. Příběh jeho života se nazývá *Rámájána* a má nedozírnou cenu pro každou lidskou bytost snažící se o štěstí a klid. Poddaní prince milovali, stejně tak jeho otec, král. Rozhodl se, že jej učiní svým královským nástupcem, dědicem trůnu. Když se to Ráma dozvěděl, zlehka se pousmál. Noc před jeho korunovací králova druhá žena, nevlastní Rámova matka, přinutila krále k rozhodnutí, že jediným nástupcem se stane její syn a Ráma bude vyhnán na čtrnáct let do exilu do lesa. Příštího rána v den korunovace král s velkým zármutkem oznámil Rámovi, jak se rozhodl. S lehkým úsměvem se Ráma odebral do lesa a poznamenal, že je velmi šťasten, že bude moci trávit tolik času v přírodě a v přítomnosti mudrců a jejich lesních ašramů. Nebyl nijak extatický z dobré zprávy ani se netrápil z negativního. Jeho mysl byla vyrovnaná.

Podívejme se na život Ammy. Musela čelit mnohým překážkám a problémům. Nikdy se nezalekla ani těch nejfatálnějších okolností či povinností. Je skutečně učitelem všech. Z první ruky ví, co znamená utrpení. V současnosti nemá ty samé potíže co dříve. V Indii je velice známou a respektovanou osobností, má však nesčetnou odpovědnost. Jsou zde dětské domovy, nemocnice, školy, počítačové instituty, koleje, ašramy a chrámy. A stovky tisíc *devotees* (věřících) na celém světě, kteří očekávají její vedení a ochranu. Přesto všechno však neustále vyzařuje klid. Její klid je neměnný a trvalý, nezávisle na tom, co se kolem děje.

Jak to může všechno zvládat a nebýt pod tlakem? Protože nic nevnímá jako své vlastní. Vnímá, že vše patří Bohu. Výsledkem je tedy nikoli nezájem, ale odpoutanost. Vše dělá, jak umí nejlépe, ale jasně si uvědomuje, že vše je Jeho vůle. My můžeme být jen nástrojem.

Emocionální vyrovnanost díky odpoutanosti

Ve starověkém indickém městě Ajódhja žil kdysi jeden žebrák. Bydlel u cesty v chatrči z pytlů a živil se tím, že obcházel obchody a žebral o pár korun. Nosil s sebou starou rezavou plechovku od oleje, kterou našel na smetišti. Někteří obchodníci ho litovali a kdykoli šel kolem, dali mu pár mincí. Nazývali ho „žebrák s pikslí od oleje". Svým dárcům žebrák žehnal a byl rád, když dostal tolik, aby si mohl koupit trochu jídla. Jiní ho však měli neradi, nadávali mu a vyháněli ho. V těchto chvílích mu bylo do breku a na své pronásledovatele nadával. Žil tedy svým ubohým životem – chvíli dolů, chvíli nahoru.

Jednoho dne, když chodil po svém rajónu, přijelo auto a z něj vyskočili čtyři uniformovaní muži. Namířili si to k žebrákovi a ten se, strachy bez sebe, dal na útěk. Po velké honičce ho nakonec chytli. Žebrák trval na svém, že nikomu nic neudělal a nic neukradl, ale oni ho ignorovali a strčili do auta. Nevěděl, o koho se jedná ani co po něm chtějí. Byl však rád, že mu aspoň nenatloukli, takže neříkal nic.

Zanedlouho přijeli do paláce a vystoupili. Vzali žebráka do jedné místnosti, odebrali mu jeho plechovku a rozedrané hadry a po vonné koupeli mu oblékli královský šat. Pak jej uvedli do jídelního sálu, kde mu vystrojili hostinu, o které se mu celý život ani nesnilo. Když vyšel z haly, vzpomněl si na svoji olejovou piksli a chtěl se dostat do koupelny, kde zůstala. Sluhové mu tam však odepřeli přístup. Mrzutě se ozval: „Poslouchejte, proč jste mi sebrali můj jediný majetek? Vážím si dobrého jídla, které jsem dostal i hezkého oblečení, ale chci nyní odejít. Proto mi, prosím, teď vraťte mé hadry a piksli od oleje, ať mohu odejít." Sloužící odvětili: „Dobrý muži, čeká vás překvapení. Vaše šťastná hvězda právě vyšla. Pokud budete mít jen chvíli strpení, pochopíte, proč se k vám takto chováme." Poté žebráka odvedli do královské soudní síně, kde všichni povstali a uklonili se mu.

Žebrák byl překvapen. Měl pocit, že sní. Na přítomné se obrátil se slovy: „Pánové, nevím, proč se mně klaníte, ale vaše chování mě znervózňuje." První rádce prohlásil: „Vaše veličenstvo, jste dědicem trůnu. Laskavě nás počtěte tím, že na něj usednete." Žebrák řekl: „Mýlíte se. Jsem pouhý žebrák. Tito lidé mne sem dovedli násilím. Nejsem vaším králem: proto mne, prosím, nechejte odejít tam, kam patřím."

Ministři odpověděli: „Vaše výsosti, neznáte vlastní rodokmen. Jste právoplatným dědicem trůnu. Když náš bezdětný král zemřel, pokusili jsme se najít jeho dědice v královské rodině. Po detailním hledání jsme zjistili, že vzdálený příbuzný krále, když se svou ženou a jediným dítětem cestoval lesem, byl přepaden lupiči. On i jeho žena přišli o život, pouze dítě přežilo. Dítě mělo na levém uchu mateřské znaménko a na pravém chodidle jizvu. Za několik dní se král o vraždě dozvěděl a vyhlásil po dítěti podrobné pátrání, ale bez úspěchu. Když nedávno zemřel, také jsme začali usilovně pátrat a veškeré stopy vedly k vám. Máme skutečně velké štěstí, že nám osud poslal jediného žijícího člena královské rodiny. Proto, prosím, račte přijmout naši nabídku a spravedlivě vládněte této zemi."

Král spokojeně vládl mnoho let. Jednoho dne, když se procházel po paláci, všiml si zamčené skříně, kterou nikdy dříve neviděl. Požádal, aby mu donesli klíč a skříň otevřel. Vykoukla na něj jeho stará olejová piksla a rozedrané hadry. V tom ho napadla zajímavá myšlenka. Skříň zamkl a klíč si ponechal. Další den si vzal plechovku a starý oděv sbalil do kufru. Zavolal svému řidiči, aby mu dovezl auto a pak mu dal na celý den volno. S kufrem nasedl do vozu a jel do města, kde dříve žil jako žebrák. Zastavil na předměstí, vystoupil z auta a převlékl se. Vrátil

Odpoutanost

se do ulic s plechovkou v ruce – žebrák, který se stal králem, šel na svou obvyklou pochůzku. Několik lidí si na starého žebráka vzpomnělo a dali mu pár drobných. Jiní jej poctili nadávkami a vyhnali. On se však již neradoval z těch prvních ani neproklínal ty druhé. Věděl, že ve skutečnosti je králem země. Po dni stráveném žebrotou se vrátil do paláce ke svým královským povinnostem.

Tak vypadá stav člověka, který dosáhne Dokonalosti. Ovládl svou mysl a žije vyrovnaným životem. Ví, že je nekonečnou blažeností a štěstí a trápení empirického světa se ho nedotýkají. Radosti a bolesti, které navenek prožívá, představují jen povrchové vlny na trvalém klidu jeho skutečné Podstaty. Využil každé situace, aby se v tomto neochvějném stavu stále a stále upevňoval. A tento cíl nám Amma chce ukázat. Září jako dokonalý příklad toho, co učí.

Kapitola 4

Jednota s Bohem

Po celém světě přichází za Ammou desítky tisíc lidí jakéhokoli věku a jakékoli profese či oboru. I když každý přichází s jiným přáním, touhou, potřebou či strachem, nakonec všem nabízí jeden stejný cíl – získání trvalého štěstí. Její přítomnost a kontakt nám poskytne letmý náznak či záblesk oné blaženosti.

Amma uspokojí většinu našich potřeb, pokud si myslí, že jsou pro nás z dlouhodobého hlediska vhodné. Nakonec si ale přeje, abychom se nad uspokojování přání povznesli, nechali odejít své obavy a dosáhli blaženého stavu samádhi. Ve skutečnosti ví, že každý z nás, ať je jakýkoli, má schopnost této jemné hladiny existence dosáhnout. Od snah za účelem získání světských cílů nikoho neodrazuje, ale říká, že žízeň naší duše nakonec uspokojí pouze samádhi. Můžeme mít pocit, že dosažení takového stavu je mimo možnosti většiny z nás. Trocha radosti a hodně starostí nám stačí. Amma však říká, že jsme v jednotě s Bohem, Oceánem blaženosti, i když to nyní necítíme. Její životní úkol je probudit nás k této skutečnosti, ať to trvá jakkoli dlouho. Vidí v nás božství, jako sochař vidí v kusu kamene nádhernou sochu.

Ve své písni Ananda Vithi nám sděluje své poslání, které jí udělila Boží matka:

Jednoho dávného dne se má duše roztančila radostí na Cestě blaženosti. V ten okamžik všichni vnitřní nepřátelé jako náklonnost a odpor zmizeli a ukryli se v nejniternějším koutě mé mysli.

Zapomněla jsem na sebe a splynula se zlatým snem, který povstal z mého nitra. V mé mysli se jasně objevila ušlechtilá přání.

Boží matka vesmíru mne svýma zářivýma milýma rukama pohladila po hlavě. Stála jsem v úctě se skloněnou hlavou a Boží matce sdělila, že Jí odevzdávám svůj život.

Dnes se ještě chvěji blažeností při vzpomínce na Matčina slova. Ty, čisté vědomí, ztělesnění Pravdy, Tvá slova dodržím!

S úsměvem se Matka proměnila v boží záři a splynula se mnou. Uvnitř mne povstaly události uplynulých milionů let.

Matka mi řekla, ať vedu druhé k naplnění smyslu lidského života. Má mysl rozkvetla a ponořila se do mnoha duhových světel Božství.

Od onoho dne jsem nebyla schopna vnímat cokoli jako odlišné či oddělené od svého vnitřního Já, vše byla jediná Jednota. Splynutím s Boží matkou jsem překonala veškeré druhy radostí.

„Člověče, sjednoť se s vlastní Podstatou!" Tuto subtilní pravdu, kterou vyjádřila Matka, tak sděluji celému světu. Ať je útěchou a upokojením pro ty, kteří jsou vyčerpáni bezpočtem trápení.

Tisíce a tisíce jogínů se v této bhárátské zemi (Indie) zrodilo a žilo tyto principy nazřené velkými světci starověké minulosti.

Za účelem zničení lidského utrpení existují hluboké pravdy. „Mé drahé dítě, zanech všeho, čemu se věnuješ a přijď ke Mně; jsi navždy Mé."

To, co Amma radí, nám může připadat nesmírně vzdálené, přesto bychom jí měli uvěřit a vydat se na životní pouť zpět k blaženému stavu jednoty s Boží bytostí. Víra, více než cokoli jiného, je silou, která to umožní.

Housenka a motýl

„Dovol mi tě zaměstnat jako chůvu k mým ubohým dětem." Řekl motýl tiché housence, která si vykračovala po listu zelí. „Podívej na ta malá vajíčka," pokračoval motýl. Nevím, jak dlouho bude trvat, než se vylíhnou k životu a jsem velice nemocná. Když zemřu a už zde nebudu, kdo se o mé malé motýlky postará? Budeš to ty, hodná, milá, zelená housenko? Oni samozřejmě nemohou jíst syrové jídlo jako ty. Musíš jim dávat ranní rosu a med z květů a ze začátku musíš dát pozor, aby nelétali dlouho. Má milá, jaká škoda, že sama neumíš létat. Pro pána krále, vůbec netuším, co mě přimělo naklást vajíčka na zelný list… takové místo pro narození malých motýlků… Tady, za odměnu, si vezmi zlatý prach z mých křídel. Ach, jak jsem zesláblá. Housenko! Musíš si vzpomenout na to jídlo…"

Při těchto slovech jí ochabla křídla a motýlí máma zemřela. Zelená housenka, která ani neměla příležitost, aby na prosbu odpověděla „ano" či „ne", tam zůstala stát s motýlími vajíčky vedle sebe. „Vskutku pěknou chůvu si vybrala, ubohá žena…" vykřikla housenka. „Ach, tolik mám teď starostí. Proč jen požádala ubohého lezoucího tvora, jako jsem já, aby vychoval její líbezná miminka… Jsem si jista, že se jim nebudu líbit a jakmile ucítí na zádech svá křídla, uletí pryč!"

Nicméně motýlí máma byla již mrtvá, na zelném listu ležela vajíčka a zelená housenka měla dobré srdce. Rozhodla se tedy, že udělá, co bude v jejích silách. „Dvě hlavy ale ví víc než jedna." Řekla si. „Půjdu a zeptám se na radu nějakého moudrého zvířete." Tak přemýšlela a přemýšlela a nakonec ji napadl skřivan. Nevěděla si rady, protože létal vysoko a nikdo nevěděl kam. Zajisté ale musí být velmi vzdělaný a hodně toho ví.

Na sousedním poli žil skřivan. Housenka mu poslala zprávu, kde ho prosila, aby k ní přišel a promluvili si. Popsala mu všechny své obtíže a ptala se, jak má ta malá motýlí miminka krmit a vychovávat.

„Možná by ses mohl zeptat a něco zjistit, až zase poletíš vzhůru." Poznamenala housenka ustrašeně.

„To můžu." Odvětil skřivan a za zpěvu se vznesl na jasnou modrou oblohu tak vysoko, že ho zelená housenka ani neslyšela ani neviděla. Začala tedy pomalu obcházet vajíčka a tu a tam si ukousla zelného listu.

Skřivaní píseň začala být najednou čím dál zřetelnější a housenka radostí skoro poskočila. Za chvíli už její přítel přistál na zelném záhoně. „Mám novinu, má přítelkyně housenko!" Prozpěvoval skřivan. „Ale asi mi nebudeš věřit! Nejdříve ti povím, co ta malá stvoření mají jíst. Máš nějakou představu? Zkus hádat!" „Rosu a med z květů, obávám se." Povzdechla housenka. „Nic takového, má přítelkyně." Volal skřivan. Budeš je krmit zelným listím!" „Nikdy!" Ozvala se neochvějně housenka. „Poslední přání jejich matky bylo, abych jim dávala rosu a med."

„Jejich matka o tom nevěděla nic." Odpověděl skřivan. „Proč se mě tedy ptáš a pak zpochybňuješ, co říkám? Nemáš ani víru ani důvěru. Co si myslíš, že z těch malých vajíček bude?"

„No určitě motýli." Řekla housenka.

„Housenky!" Zazpíval skřivan. „Časem na to přijdeš." A odletěl pryč.

„Myslela jsem si, že skřivan je moudrý a laskavý." Povídala si pro sebe housenka a opět začala obcházet vajíčka. „Ale místo toho jsem zjistila, že je hloupý a drzý. Možná se tentokrát vydal moc vysoko."

Skřivan se snesl na zem podruhé a řekl: „Řeknu ti ještě jednu věc. Jednoho dne se staneš motýlem i ty!"

„Ty ničemný ptáku…" Vykřikla housenka. „Děláš si ze mne legraci. Jsi stejně krutý jako hloupý! Jdi pryč. Nikdy se tě na nic už nezeptám!"

„Říkal jsem ti, že mi nebudeš věřit." Volal skřivan.

„Věřím všemu, co je rozumné, aby tomu věřit šlo. Ale tvrdit mi, že motýlí vajíčka jsou housenky a že housenky přestanou lézt, narostou jim křídla a stanou se motýly! Skřivane! Snad takovým nesmyslům sám nevěříš! Vždyť víš, že je to nemožné! Podívej na mé dlouhé zelené tělo a množství nohou a pak mi něco říkej o křídlech, ty hlupáku!"

„Ó housenko," volal neúnavně skřivan. „Co přichází shora, přijímám s důvěrou."

„Co tím myslíš?" Zeptala se housenka.

„Víru." Odvětil skřivan.

„A jak se mám naučit věřit?" Zeptala se housenka. V tom okamžiku ucítila něco vedle sebe. Obrátila se a spatřila osm či deset malých zelených plazících se housenek, které vykousaly v zelném listu díru. Vylíhly se z motýlích vajíček! Srdce zelené housenky se naplnilo studem a úžasem zároveň, ale ihned následovala radost. Když se stal první zázrak, možná přijde i ten druhý.

Od skřivana dostala lekci víry, a když se vracela do své kukly, prohlásila: „Jednoho dne se ze mě stane motýl!"

Její příbuzní si však mysleli, že blázní a shovívavě pokývali hlavou: „Chudák holka!"

Bhagavad-gíta říká:

> Víra každého je v souladu s jeho přirozeností, Ó Bhárato.
> Člověk je tvořen svou vírou; jaká je víra, takový je on sám.
> – K. 17, v. 3

> Získá moudrost, kdo je plný víry, kdo se jí odevzdá a kdo ovládl smysly. Získaje moudrost, velmi brzy dosáhne nejvyšší klid.
> – K. 4, v. 39

Když naše úsilí a milost Ammy přinesou ovoce, jakou získáme zkušenost? Poslechněte si slova mahátmy, který realizoval Pravdu o své bytosti.

> „Nejsem člověk, ani bůh, ani brahmačari, nežiji rodinným životem ani nejsem sanjásinem; Jsem pouze čistým Vědomím.

> Jako je slunce příčinou všech světských aktivit, tak jsem i já – stále přítomná, vědomá Podstata – příčinou fungování mysli a smyslů.

> Pouze ty oči, kterým pomůže Slunce, jsou schopny vidět objekty, ostatní nikoli. Zdroj, ze kterého Slunce čerpá svou sílu, je moje Podstata.

> Stejně jako odraz Slunce vypadá nespojitě na neklidné hladině a zůstává dokonalým na klidné vodní ploše, tak

i já, vědomá Podstata, nejsem rozpoznána v neklidné mysli, ale jasně zářím v těch, kteří jsou klidní.

Stejně jako průhledný krystal přebírá barvu svého pozadí, která jej ale nijak nezmění a jako nehybný měsíc zrcadlící se na vlnitém povrchu vypadá neklidně, takový jsem i já, vše prostupující Nejvyšší Skutečnost."

Hastamalaka Stótra

Tak vypadá poznání vlastní Podstaty.

Kapitola 5

Dětská nevinnost ve vztahu ke guruovi

Ve spirituálním životě Amma často zdůrazňuje význam dětské nevinnosti. To samé uvádí Kristus:

„Dokud nebudete jako děti, vůbec do království nebeského nevstoupíte. Kdokoli se poníží a bude jako toto malé dítě, ten je v nebeském království největší. Nechejte maličké přijíti ke mně a nebraňte jim, neboť jejich je království nebeské."

Království nebeské není nějaké místo nad oblaky. Je to stav Božího vědomí. Může znamenat i momentální úroveň bytí, na které se nachází osvícené bytosti.

Zkuste si vzpomenout, jak jste byli dítětem. Jaký byl největší rozdíl mezi tím, co bylo tehdy a co nyní? Děti ve své nevinnosti věří všemu a nemají starosti. Žijí v přítomnosti. Jejich negativní pocity jsou jen chvilkové. Jsou plné života a stejnou plnost vidí ve všem kolem sebe. Jejich představy o Bohu jsou mírně řečeno nevinné a nestereotypní.

Představa šestiletého dítěte o Bohu

„Jedním z největších úkolů Boha je dělání lidí. Dělá to tak, že je dává na místa těch, kteří zemřeli, aby bylo dostatek lidí, kteří se starají o věci tady na zemi. Nedělá dospělé, jenom děti. Myslím, že je to proto, že jsou menší a dělají se jednodušeji. Tak nemusí trávit svůj cenný čas tím, aby je učil chodit a mluvit. Může to prostě nechat na rodičích. Myslím, že to funguje velmi dobře.

Druhým nejdůležitějším úkolem Boha je poslouchání modliteb. Je toho strašně moc, protože někteří lidé, jako kněží a tak, se modlí i jindy než před spaním a babička s dědečkem se modlí před každým jídlem, kromě svačiny. Kvůli tomu Bůh nemá čas, aby poslouchal rádio nebo se díval na televizi. Protože Bůh slyší všechno, musí mít v uších strašný hluk, dokud ho nenapadne, že by to mohl vypnout.

Bůh vidí a slyší všechno a je všude a díky tomu má moc naspěch. Takže byste neměli plýtvat jeho časem a prosit ho o věci, které nejsou důležité; nebo za zády rodičů žádat něco, co vám nedovolili. Stejně to nebude fungovat."

Newsletter „Radost"

Když přijdeme za osvíceným mistrem jako Amma, bude se velmi snažit, aby odhalila nevinnou stránku naší bytosti. Jak se člověk stane nevinným? Není tomu tak, že bychom nevinnost neměli. Je tam, ale ukrytá pod fasádou vzteku, pýchy, žádostivosti, ambicí a jiných „dospělých" charakteristik. Aby mohla zazářit, je nutné tyto rysy odstranit. Slunce existuje stále, i v tom nejzamračenějším dni. Nevinnost je naší skutečnou přirozeností; ve skutečnosti jsme Boží děti, ale bezděky jsme se stali dětmi „člověka". Učení Ammy je právě o probuzení nás k naší skutečné přirozenosti. Mnohdy stačí, když strávíme nějaký čas v její blízkosti a nevinnost se sama ukáže. Amma funguje jako slunce, které vysouší vlhkost. Vysuší naši negativní podstatu a odhalí ono „dítě v nás." Nám se uleví a zažijeme radostný pocit.

Amma ví, že setkání s ní představuje, co se naší nevinnosti týče, teprve začátek. Osobně s námi bude pracovat, budeme-li fyzicky s ní – a i když s ní fyzicky nebudeme. Náš život se změní tak, abychom mohli očisťovat svou mysl od vlastností, které ji překrývají. Spolkli jsme jed v podobě negativity. Abychom mohli zářit čistotou, musíme jej vyzvracet. Když chceme, aby někdo zvracel, dáme mu vypít velké množství slané vody nebo si strčí prst do krku. Stejně tak Amma vnese do našeho života okolnosti, které v nás vyvolají jen to nejhorší – aby to nejlepší mohlo později zazářit. Může se nám zdát, že po setkání s ní náš vztek, žádosti, pýcha nebo smůla markantně vzrostou. Mysleli jsme si, že kontakt s Ammou nám bude přinášet čím dál víc blaženosti, ale co se děje? Když vyzvracíme něco, co nám škodí, je nám zpočátku špatně. Později se vše zlepší. Stav utrpení, který díky její milosti zažíváme, jednoho dne skončí a uvolní místo blaženosti. To je princip spirituality: nejprve utrpení, pak blaženost. Jako matka drží své dítě za ruku, když ho učí chodit, tak Amma spočine svým všudypřítomným okem moudrosti na svých dětech, které bojují na cestě k duchovní realizaci. Své povinnosti vůči nám splní, naše víra však nesmí kolísat.

Amma nás bere na nezmapované území. Nikdo nemůže jasně říct, jak vypadala cesta ptáka na obloze či ryby v moři. Skutečná spiritualita funguje stejně. Cesta je to subtilní a u každého jiná. Není v knihách a nelze se ji naučit jinak než milostí osvícené bytosti. Principielně se skládá z odevzdání ega, nesprávného pocitu individuality do vůle Boží či gurua. Odevzdání nás táhne k cíli, který pro nás chystá učitel.

Tento proces díky naší moderní výchově vypadá zdánlivě iracionálně. Kultura dnešního světa nás učí stále více posilovat svou osobnost. Člověk tedy váhá, jestli je to skutečně cesta k tomu, aby byl šťastný a měl klid, protože bez klidu není štěstí.

Jeden ze způsobů, jak tomu porozumět, je představa, že jsme jako vlna v oceánu. Oceán je Bůh a vlna je ztělesnění oceánu. Není od něj nikdy oddělena, ale vypadá to, že funguje jako individualita. V hlubinách oceánu je klid, ale vlna je v neustálém pohybu a neklidu. Pokud se vlna dokáže ponořit pod hladinu, zažije svou jednotu a splyne s rozsáhlým oceánem.

Mistrova zkouška

Bhai Gurudas byl strýcem a oddaným žákem sikhského gurua Arjana. Jednou složil a četl následující verše:

> Je-li matka bezbožná, není na jejím synovi, aby jí potrestal;
>
> Spolkne-li kráva diamant, neměli bychom ji rozříznout břicho;
>
> Je-li manžel nevěrný, žena jej nemá nikdy napodobit či ztratit svou počestnost;
>
> Oddá-li se žena z vyšší společnosti vínu, není na lidech, aby ji odsoudili;
>
> Zkouší-li guru žáka, žákova víra nesmí zakolísat.

Guru Arjan pozorně naslouchal veršům. Když Gurudas skončil, guru si pomyslel: „Všechna tato slova se snáze říkají, než praktikují. Otestuji, jak je na tom s vírou." Obrátil se ke Gurudasovi a řekl: „Strýčku, musím v Kábulu koupit nějaké koně. Dokázal bys to udělat za mě?"

"Proč ne? Určitě." Odpověděl Gurudas.
Guru tedy naplnil několik pytlů zlatými mincemi. Gurudas je spočítal, zavázal a vložil do masivních dřevěných beden. Ty se naložily na muly a on se s několika žáky vydal na dlouhou a obtížnou cestu z Lahore, kde žil jeho mistr, do Kábulu. Za několik dní přešli Chajbarským průsmykem a mezi pohořím Hindukuš se jim ukázal Kábul.

Na obrovském koňském trhu v historickém Kábulu Gurudas smlouval s místními koňskými obchodníky a nakonec nakoupil nejlepší koně, jací byli k mání. Když se ostatní žáci vydali s koňmi na zpáteční cestu do Lahore, svolal Gurudas obchodníky, aby jim zaplatil. Vešel do svého stanu pro zlaté mince a je nechal stát venku.

Otevřel několik beden, našel hledané pytle a něco se mu nezdálo. Otevřel všechny vaky a ke svému úleku zjistil, že místo zlatých mincí jsou plné kamínků. Roztřásl se strachy, protože dobře znal nelítostnou náturu koňských obchodníků. „Jsou tam venku a čekají, až jim zaplatím a když to neudělám, roztrhají mě na kusy." Říkal si. Začal frenetiky přemýšlet a nakonec se rozhodl, že jediný způsob, jak utéci, je udělat v zadní části stanu díru a dostat se ven. Modlit se o pomoc ke svému guruovi jej ani nenapadlo; tak byl vyděšený. Vyskočil dírou, dostal se ven, a co nejrychleji utíkal pryč. Protože se styděl setkat se svým mistrem, v Lahore nezůstal a pokračoval do několik stovek mil vzdáleného města Káší.

Jeho společníci mezitím vešli do stanu, protože nevěděli, proč ještě obchodníkům nezaplatil. Všechny bedny našli otevřené a plné zlata, ale Gurudas nikde. Všimli si díry v zadní části stanu. Zaplatili tedy za koně a vydali se zpět do Lahore, kde guru Arjanovi oznámili, co se stalo.

Gurudas se mezitím usadil v Káší a netrvalo dlouho a začal veřejně působit a vysvětlovat velké pravdy svatých textů. Brzy získal obrovské publikum. Jeho úžasné proslovy si přišel poslechnout i sám kášský guvernér, který se stal jeho obdivovatelem.

Za několik měsíců poslal guru Arjan kášskému guvernérovi dopis, ve kterém stálo: „V Káší žije jeden můj zloděj a chci tě požádat, abys jej laskavě zajal, svázal mu ruce a poslal ke mně. Nemusíš ho nijak obtížně hledat. Stačí přečíst tento dopis na veřejných místech, kde se konají náboženské disputace, a zloděj se po jeho přečtení sám přihlásí."

Dopis byl přečten zrovna když Gurudas měl veřejný projev před velkým davem lidí. V okamžiku, kdy zaslechl jeho obsah, povstal a prohlásil: „Já jsem ten zloděj." Všichni posluchači užasli.

„Ty nemůžeš být žádný zloděj, protože jsi svatý muž. Zlodějem musí být někdo jiný." Ozvalo se z davu.

Gurudas však trval na svém: „Ne, tím zlodějem jsem já. Není o tom pochyb. Prosím svažte mi ruce, abych neutekl."

Nikdo si to nedovolil, protože bylo nemyslitelné svázat ruce svatého člověka, jakoby se jednalo o zloděje. Gurudas si tedy sundal turban, roztrhl jej na dvě části a sám si svázal ruce. S takto znehybněnýma rukama se radostně vydal do Lahore.

Když tam konečně došel a setkal se s mistrem, mistr povídá:

„Bratře, prosím zopakuj ony verše, které jsi mi četl, než jsem tě žádal, aby ses vydal do Kábulu."

Ale Gurudas, který prošel zkouškou a měl na svém kontě pár útrpných chvil, které testovaly, jak je na tom s vírou a láskou, padl guruovi k nohám a zvolal:

„Když matka podá svému synovi jed, kdo jej zachrání?

Když se hlídač vloupe do domu, kdo dům ohlídá?

Když průvodce svede cestovatele, kdo jej vrátí na správnou cestu?

Když ochránci začnou ohrožovat své chráněnce, kdo jim pomůže?

A proto, když guru zkouší své žáky, kdo jim pomůže ve zkoušce obstát?"

Pouze Satguru může svou spirituální silou a milostí žákovi pomoci, aby ve vypjatých situacích zůstal klidným a nepřestal milovat.

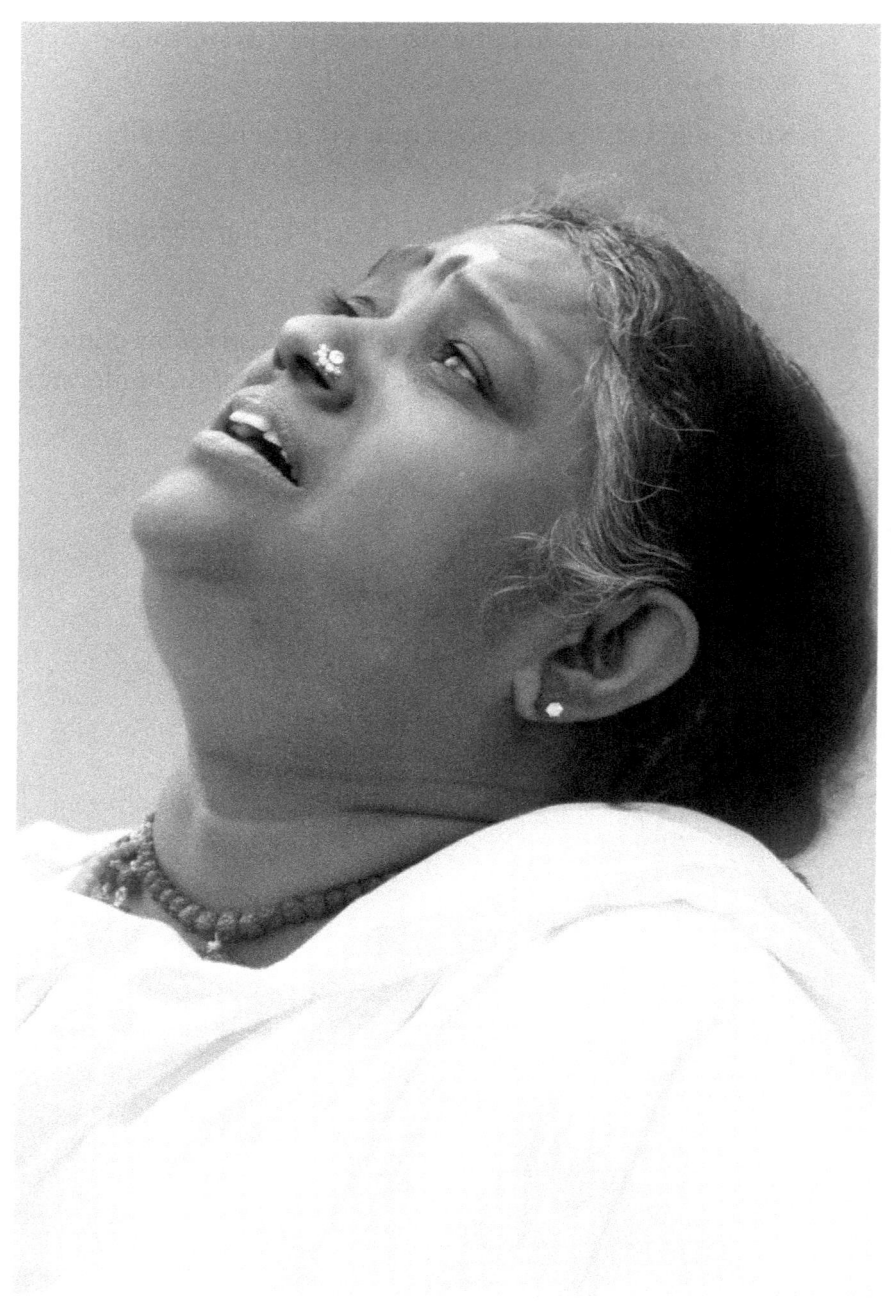

Kapitola 6

Laskavost versus sobectví

Amma říká:

„Děti, pokud toužíte dosáhnout osvobození, vzdejte se sobectví. Snažte se uslyšet problémy trpících."

Většina z nás neví, co znamená „osvobození" ve smyslu, jak tento termín Amma používá. Obvykle se jedná o únik z vězení, otroctví nebo útlaku. Amma hovoří o tomtéž, ale v nejširším smyslu celého života; osvobození od veškerých omezení lidského bytí. Naše ruce ani nohy nemusí být spoutány, nejsme zamčeni ve vězení ani v místnosti, ale naše mysl je svázána reagováním na přitažlivost, odpor či strach, které podle okolností ústí v radost, bolest či úzkost. Mentálního klidu máme většinou poskrovnu a během chvíle ztrácíme i to málo, co nám zbývá. Naše mysl je neklidná jako opice a neustále musí něco vytvářet, jinak se nudíme nebo usneme.

Představme si, že jsme investovali spoustu peněz na burze. Dowův index jde stále nahoru a my jsme šťastnější a šťastnější. Skoro v sedmém nebi. Národní banka však zveřejní pár špatných zpráv a burza zkrachuje, ceny akcií naší společnosti klesnou, přemůže nás konkurence nebo začne obtěžovat náš šéf. Než přijmeme ochranná opatření, už jsme ztratili část svého štěstí a klidnou mysl. Možná upadneme do deprese a trvalého negativizmu. Děje se to všude kolem nás, i když my máme pocit, že nám se to nikdy stát nemůže.

Před mnoha lety jsem poznal jednoho devotee, který přišel úplně o vše, když praskla internetová bublina (hromadný krach nadhodnocených acií internetových firem – pozn. překl.). Zatímco někteří spáchali sebevraždu, tento člověk si díky sádhaně a mnohaletému kontaktu s Ammou dokázal zachovat klid. Jednalo se o skutečný příklad praktických výsledků, které přináší praxe v odevzdání a odpoutanosti. Je zvláštní, že se průměrný člověk obdobnou techniku neučí ve škole či od rodičů. Proto Amma říká, že existují dva druhy vzdělání: jak získat živobytí a vědět, jak žít.

Mnozí z nás reagují nepřiměřeně i na triviální okolnosti. Známe vztahy na silnicích. Nebo nás manžel, žena, dítě nebo známý nechají čekat a my ztratíme nervy. Křičíme na ty, kteří nám jen nepatrně ublíží. Ze života se tak stává peklo pro všechny – pro nás i naše okolí.

Příběh o tajemství nebe a pekla

Starý japonský mnich seděl u cesty v hluboké meditaci se zavřenýma očima, v lotosovém sedu, ruce mu tiše spočívaly na klíně. Najednou jeho meditaci přerušil hrubý a naléhavý hlas samurajského bojovníka. „Starý muži! Pouč mne o nebi a peklu!"

Nejprve se zdálo, že mnich vůbec nereagoval, jakoby neslyšel. Postupně otevřel oči, a jakmile spatřil stojícího samuraje, který netrpělivě čekal a každou minutou byl čím dál neklidnější, mihl se mu v koutku úst téměř neznatelný úsměv.

„Ty si přeješ poznat tajemství nebe a pekla?" Odpověděl po chvíli mnich. „Ty, který jsi tak nekultivovaný, se špinavýma rukama a nohama, zápachem z úst a rezavým zanedbaným mečem; ty, který vypadáš odpudivě a nosíš směšné šaty, jež ti dala tvá matka. Ty se mě chceš ptát na nebe a peklo?"

Laskavost versus sobectví

Samuraj vulgárně zaklel. Tasil meč nad hlavou. Jeho obličej zrudl, žíly na krku vystouply, vykreslujíce plastický reliéf v okamžiku, kdy se chystal utnout hlavu starého mnicha.

„Toto je peklo." Odvětil s klidem mnich, jakmile meč začal klesat k jeho hlavě.

Ve zlomku sekundy přemohl samuraje úžas, obdiv, soucítění a láska k tomuto starému muži, který si dovolil riskovat svůj život, aby mu dal takové ponaučení. Na půl cesty zastavil meč a do očí mu vstoupily slzy vděčnosti.

„A toto", řekl mnich, „je nebe."

Díky máje, Boží univerzální síle iluze, naše mysl směřuje ven skrze smysly a nutí nás věřit, že štěstí leží někde venku. Náš vnitřní neklid a touhu po štěstí a míru se vždy snažíme uspokojit tím, že přizpůsobujeme okolnosti, aby nám poskytly maximum radosti, kterou se posléze snažíme udržet. Pokud nejsme ojediněle altruisticky zaměření, budeme v naší snaze o štěstí reagovat sobecky a to i na úkor druhých. Tento druh štěstí je velmi zranitelný a může se každou chvíli zhroutit a zmizet, jak pára nad hrncem, když nám štěstěna nebude přát.

Zdánlivě máme jisté množství svobody, ale mnohokrát, navzdory našemu úsilí, dopadnou věci jinak, než bychom si přáli. Nakonec když zestárneme a někdy ještě dříve, se nám zhorší zdraví a zemřeme. Když přijde náš čas, žádný lékař nepomůže. Naše tělo a mysl funguje dle přírodních zákonů. Není to nijak příjemný scénář. Život je plný omezení, které končí smrtí.

Když Amma mluví o dosažení osvobození, má na mysli zánik nutnosti žít mnoho životů, které musíme absolvovat, když neočišťujeme svou mysl. Potřeba neustálého hledání štěstí nás pronásleduje po mnoho životů, dokud toho všeho nezačneme mít dost a neobrátíme svou mysl dovnitř, abychom našli svou pravou podstatu, zdroj štěstí, ve kterém navždy zůstaneme. To znamená osvobození, osvobození ze zdánlivě nekonečného koloběhu zrození, smrti a opětovného zrození, samsáry. To je subtilní cíl tohoto životního putování, kterého se účastní všechny živé bytosti.

Empirické poznání Podstaty od nás nevyžaduje pouze různá duchovní cvičení jako mantra džapu, meditaci, zpěv bhadžanů či studium písem, ale i kultivaci laskavosti, trpělivosti a soucítění, jinými slovy altruistické jednání. Ego či individuum, se kterým se mylně ztotožňujeme, se postupem času očistí, rozšíří a odhalí svou skutečnou Podstatu.

Myslíme, že díky svému sobectví budeme šťastni, ale stále znovu se setkáváme s opačnými výsledky. Taková je hra máji. Naše egoistické chování uzavírá srdeční lotos. Každý má srdce, nejen orgán, který pumpuje krev, ale místo v těle, kde pociťujeme štěstí a trápení. Je-li uzavřené a temné, necítíme štěstí ani klid. Když se mírně otevře, vnikne tam kousek světla a pociťujeme štěstí a mír. Čím více se otvírá, tím blaženější a klidnější je náš život. Dokonale rozkvetlý srdeční lotos představuje duchovní Realizaci. Negativní myšlení jako vztek, netrpělivost, sobectví, pomstychtivost atd. jej víc a víc uzavírají. Pozitivní myšlenky, láska, trpělivost, láska k druhým, obětavost, odpuštění a sdílení ho otevírají. Velký mudrc Patandžali nám radí, jak ovládat své chování, aby srdce zůstalo otevřené:

> Kultivací přátelského postoje vůči šťastným, soucítěním
> s nešťastnými, radostí z úspěšných a odmítnutím zlého,
> zachovává si mysl svůj nerušený klid.
> – Patandžaliho Joga Sútry, K. 1, v.33

Otevřít ho můžeme ušlechtilým jednáním, hezkými slovy a dobrými myšlenkami. Vědomě ani nevědomě bychom jej neměli uzavírat a trpět. Ve vztahu k dobrému použijme ono kouzelné „sezame otevři se". Je to velmi snadné; žádná vysoká filozofie.

Osvícené bytosti jsou mnohem raději, když děláme něco prospěšného a odmítáme sobectví, než když jim nosíme květiny, oblečení či ovoce, zpíváme bhadžany nebo meditujeme.

Příběh o laskavosti

Bible neuvádí kolik moudrých mužů či mágů se vydalo do Betléma, aby následovalo hvězdu v okamžiku Ježíšova narození. Obecně uznávaná tradice říká, že byli tři – Kašpar, Melichar a Baltazar. Existuje však i tradice další, která uvádí i čtvrtého moudrého muže jménem Artaban. Když se Artaban připravoval na cestu za hvězdou, vzal si s sebou safír, rubín a drahocennou perlu jako dar pro nově narozeného krále, ať jej najde kdekoli. Na cestě za mudrci se zastavil, aby pomohl nemocnému poutníkovi. Věděl, že když se zdrží ještě víc, s přáteli se mine. Rozhodl se však zůstat. Díky zdržení však přišel těsně poté, co karavana odjela. Artaban byl nyní sám a na přechod pouště potřeboval zvířata a zásoby. Prodal tedy svůj safír a nakoupil velbloudy, jídlo a vodu, ale cítil žal, protože král již nikdy nedostane ten drahocenný kámen.

Artaban se vydal na cestu a dojel do Betléma, ale opět pozdě. Všude viděl vojáky, kteří na Herodův rozkaz zabíjeli všechny právě narozené chlapce. Artaban tedy vzal rubínový diamant, aby podplatil vrchního důstojníka a zachránil děti ve vesnici, kde přespával. Děti zůstaly na živu, matky jásaly, ale ani rubín se již ke králi nedostane.

Třiatřicet let Artaban marně hledal, až nakonec došel do Jeruzaléma, zrovna v den, kdy se konalo několik ukřižování. Pospíchal na Kalvárii, aby pomocí své perly podplatil římskou stráž a zachránil muže jménem Ježíš. Něco mu říkalo, že právě toto je ten Král králů, kterého celý život hledal.

Na Artabana najednou zavolala o pomoc žena, kterou jako otrokyni vláčeli na trh. Pouze s nepatrným zaváháním odevzdal poslední klenot, drahocennou perlu za její propuštění. Nyní Artaban neměl ani jeden z drahých kamenů, které chtěl Králi darovat.

Došel na místo, kde mělo dojít k ukřižování a co viděl, mu zlomilo srdce. Bylo jasné, že nemá nic, čím by Ježíšovi pomohl. Poté se však stalo něco zajímavého. Ježíš pohlédl na Artabana a řekl mu:

„Netrap se, Artabane. Pomáhal jsi mi celý život. Když jsem měl hlad, dal jsi mi jídlo, když jsem měl žízeň, dal jsi mi napít, když jsem byl nahý, oblékls mně, i když jsem byl cizinec, pozval jsi mne k sobě."

Někteří tvrdí, že Artaban nikdy Krista nenašel. Jiní, že byl nejmoudřejším z moudrých. Jsem si jist, že Amma by souhlasila s tím druhým.

Otevření lotosu našeho srdce je nejobtížnější a nejprospěšnější věc, co můžeme udělat. Zasáhne kořen našeho ega, sobectví. To je tapas, to je sádhana. Trpělivě naslouchat druhým, kteří zažívají trápení, aniž bychom ztráceli klid nebo se nudili; zapomenout naše malé já za účelem pomoci bližním představuje vrcholný způsob nesobecké existence, který nám Amma ukazuje každý den i noc. Můžeme alespoň částečně následovat její příklad? Minimálně to můžeme zkusit.

Kapitola 7

Naší skutečnou Podstatou je mír

Klidnou mysl chce každý. Nezávisle na tom, jaké množství smyslové radosti zažíváme, nakonec jsme unaveni a chceme jen klid. Bohatý člověk může mít veškeré myslitelné radovánky, ale ani jeho nejdražší manžel či žena, přítel, přítelkyně jej nedokážou udržet vzhůru, když je unaven a chce jen blaženost hlubokého spánku. Co je na spánku tak úžasného, že ho máme raději než smyslové potěšení? Klid, nepřítomnost subjektu a objektu, blažená jednota.

Když vydržíme se svou sádhanou a nebudeme plýtvat naší energií na excesivní smyslovou zábavu či nadměrné přemýšlení, mysl se posléze uklidní a vejde v meditační stav. Bude klidná i ve chvílích, kdy nebudeme meditovat. Tento klid představuje skutečný začátek duchovního života.

Veškeré duchovní úsilí se zabývá pouze tím, jak soustředit rozptýlenou mysl. Naší skutečnou podstatou je mír, nikoli jiné vlastnosti jako zapomínání, pamatování, chtění, nenávist, přitažlivost a odmítání. Ani duchovní síly jako poznání budoucnosti či minulosti. Poznat svou vlastní podstatu jako dokonalý mír a zůstat v něm znamená osvobození; tak vypadá nejvyšší blaženost a naplnění.

Dokud nedosáhneme stavu trvalého klidu, platí pro nás to, co uvádí Amma:

> „Donuťte mysl hladovět. Přestaňte ji krmit myšlenkami. Stále se snažíme mysl naplnit pokrmy z přání a myšlenek. Stal se z toho zvyk a mysl teď má pocit, že je to pro ni nejlepší jídlo. S tímto zvykem je třeba přestat. Mysl musí zjistit, že z tohoto jídla ji bude „bolet břicho", když ne teď, tak později. Mysl by měla poznat, že pokrm z myšlenek a přání škodí a že existuje jídlo, které je mnohem zdravější a chutnější. Rozličná duchovní cvičení vytváří to nejvybranější a nejzdravější jídlo. Jakmile to jednou zjistíte, měli byste mysl pravidelně krmit božím jménem, *džapou* (opakováním mantry), *dhjánou* (meditací) a další duchovní praxí. Hlad po stále větším množství tohoto duchovního jídla poroste, až bude nakonec obrovský.
>
> Děti, nezapomínejte opakovat mantru. Období sádhany je jako výstup na vysokou horu. Potřebujete množství síly a energie. Horolezci používají lana, aby se vytáhli nahoru. Jediným lanem pro vás je džapa. Proto, děti, neustále opakujte svou mantru. Až se nakonec dostanete na vrchol duchovní Realizace, můžete se uvolnit a navždy odpočívat."

K tomuto subtilnímu cíli existuje množství cest. Amma říká:

> „Každý člověk je jinak založený. Všichni jsme jedineční. I když mluvíme o různých metodách, jak zajistit klidnou mysl, jako džapa, modlitba a meditace, je jich mnohem více. Pro někoho může klid nastat skrze umění, hudbu, tanec či divadlo.

Píseň v srdci, dar pro Boha

Tři chlapci ze sousedství, Salvador, Julio a Antonio žili a hrávali si v italské Kremoně, asi v polovině 16. století.

Salvador měl krásný tenorový hlas a Julio jej doprovázel na housle, když se procházeli ve městě na náměstí. I Antoniovi se hudba líbila a také by s nimi rád zpíval, ale jeho hlas přeskakoval jako vrzající klika u dveří. Ale ani tento chlapec nebyl bez nadání. Jeho necennějším majetkem byl kapesní nožík od jeho dědečka. Stále něco vyřezával z kusu dřeva. Ve skutečnosti svou dřevořezbou vytvořil několik velmi pěkných prací.

Jak se blížily každoroční slavnosti, domy i ulice se postupně odívaly do skvostných dekorací vítajících jaro. Lidé ve svátečním oblečení zaplnili ulice. Jeden den slavnosti si Salvador s Juliem naplánovali návštěvu katedrály, kde chtěli hrát a zpívat na zalidněném náměstí.

„Nechtěl bys jít s námi?" Volali na Antonia, který seděl v předklonu a cosi vyřezával ze dřeva.

„Koho zajímá, že neumíš zpívat. I tak bychom rádi, abys šel s námi."

„Jasně, že bych šel rád." Odpověděl Antonio. „O slavnostech je spousta zábavy."

Tři chlapci se vydali ke katedrále. Při cestě Antonio přemýšlel nad jejich poznámkou, že neumí zpívat. V srdci plakal, protože miloval hudbu stejně jako jeho kamarádi, i když se mu trochu třásl hlas.

Když došli na náměstí, Julio začal hrát na housle a Salvador jej melodickým hlasem doprovázel. Lidé se zastavovali, poslouchali a většina z nich darovala chlapcům v obnošených šatech jednu či dvě mince. Z davu najednou vystoupil starší muž. Pochválil je, Salvadorovi vložil do ruky zářivý peníz a rychle zmizel mezi zmatenými lidmi.

Salvador otevřel dlaň a polkul: „Podívejte! To je zlaťák!" Kousl do mince, aby se ujistil, že je pravá. Všichni tři chlapci měli velkou radost a peníz si předávali, aby ho vyzkoušeli. Došli k závěru, že je to skutečně zlaťák.

„Ten si to může klidně dovolit." Řekl Julio. „Nevíte, že to je sám velký Amati?"

Antonio se zeptal nesměle: „A kdo je Amati? Proč je tak slavný?"

Jeho kamarádi se zasmáli a řekli: „Tys nikdy neslyšel o Amatim?"

„Samozřejmě, že neslyšel." Řekl Julio. „O hudebních umělcích nic neví. Přeskakuje mu hlas a jenom řeže do dřeva." Julio pokračoval: „Pro tvou informaci, Antonio, Amati je slavným houslařským mistrem, pravděpodobně největším v celé Itálii a možná i na celém světě. A žije zde v našem městě."

Toho večera se Antonio vracel domů s velice těžkým srdcem. Zdálo se mu, že si ostatní až příliš často dělají legraci z jeho třesoucího se hlasu a vyřezávání. Příštího dne velmi brzy ráno se tedy Antonio vydal z domu a nesl si s sebou svůj kapesní nůž. Do kapes si dal pár věcí, které vyrobil – krásného ptáčka, flétnu, několik soch a malou loďku. Rozhodl se, že najde dům, kde žije velký Amati.

Nakonec jej našel a zlehka zaklepal na dveře. Otevřel sluha, a když mistr houslař zaslechl třesoucí se Antoniův hlas, šel se podívat, co tak brzy zrána potřebuje.

„Tohle jsem vám přinesl, pane." Odpověděl Antonio a vyprázdnil z kapes své poklady. „Přál bych si, abyste si to prohlédl a řekl mi, zda mám dostatečný talent, abych se mohl také naučit vyrábět housle."

Amati si vzal do ruky každou věc a bedlivě ji prohlížel. Pozval Antonia dovnitř. „Jak se jmenuješ?" zeptal se.

„Antonio, pane." Přeskočil mu hlas.

„A proč se chceš naučit vyrábět housle?" Zeptal se nyní s velkou vážností Amati.

Antonio impulzivně vyhrkl: „Protože miluji hudbu, ale nemůžu zpívat, protože můj hlas zní jako rezavá klika od dveří. Slyšel jste, jak dobře včera u katedrály zpívali mí kamarádi. Také chci vyjadřovat hudbu."

Amati se sklonil a zpříma pohlédl chlapci do očí: „To, co je nejdůležitější, je píseň v srdci. Existuje mnoho způsobů, jak hudbě propůjčit život – někdo hraje na housle, jiný zpívá a další maluje krásné obrazy. Každý přispívá ke kráse světa. Jsi řezbář, ale tvá píseň musí být tak vznešená, jako žádná jiná."

Mistrova slova Antonia velmi potěšila a nikdy na tuto optimistickou zprávu nezapomněl. Za velmi krátkou dobu začal u velkého umělce studovat. Velmi brzy zrána chodíval do Amatiho dílny, kde poslouchal, pozoroval a učil se od svého učitele. Za mnoho let neexistovalo jediné houslařské tajemství, včetně všech sedmdesáti částí, z nichž se housle skládají, které by neznal. Ve věku dvaadvaceti let mu jeho mistr dovolil, aby si na vlastnoručně vyrobené housle vyryl své jméno.

Celý zbytek svého života vyřezával Antonio Stradivari housle – bylo jich více než 1100 – se snahou, aby každý nový kus byl lepší a krásnější než ty předchozí. Kdokoli dnes vlastní Stradivariho housle, vlastní poklad a mistrovské umělecké dílo čítající hodnotu milionů dolarů.

Možná nejsme velkými duchovními žáky ani dokonale odpoutanými mnichy, ale Bohu můžeme nabídnout cokoli, co dokážeme a Jeho to potěší.

Jak Bůh Krišna poznamenává v Bhagavad-gítě:

„Ať mi někdo s láskou věnuje list, květinu, ovoce, vodu – přijmu vše, co je darované s láskou těmi, kteří mají čistou mysl. Cokoli děláte, cokoli jíte, cokoli obětujete, cokoli darujete, ať činíte jakékoli odříkání, provádějte vše jako věnování Mně. Tak budete osvobozeni a naleznete Mne."

– K. 9, v. 26

Kapitola 8

Jedinečný smysl lidského zrození

O důležitosti života a hodnotě lidského zrození mluví Amma dost nesmlouvavě. Jen po mnoha, mnoha zrozeních v nižších formách života získá duše podobu člověka. V každém zrození včetně toho lidského se především zabýváme následujícími čtyřmi věcmi: hladem a žízní, sexualitou, strachem a spánkem.

Co je na lidské existenci tak zvláštního? Můžeme dlouhodobě plánovat a na základě svých závěrů dělat rozhodnutí, podle kterých se budeme chovat. Zvířata to nedovedou. Jsou naprogramována přírodou nebo vycvičena lidmi, ale neumí myslet a uvažovat jako člověk. Lidé mají intelekt, který může rozlišovat mezi dobrým a špatným a chápat spoustu věcí. Tato ochranná známka lidstva by měla být kultivována do svého maximálního potenciálu, ještě než člověk zemře. Nemusí to nutně znamenat, že rozvineme intelektuální vědomosti o světě. Znamená to uvědomění si naší věčné Podstaty jako duše – vědomí. Poznání sebe sama představuje nejvyšší dosažení, největší štěstí lidského života. Jen lidé mají kapacitu usilovat o transcendenci přírody pomocí duchovní praxe a ovládnutí svých instinktů:

Amma:

„Děti, tato naše těla netrvají věčně. Mohou zmizet každým okamžikem. Jako lidské bytosti se rodíme po bezpočet životů. Jestliže proplýtváme tento život fungujíce jako zvířata, tak před příštím lidským zrozením se budeme muset narodit jako zvíře."

Někteří duchovně zaměření lidé v dnešní době tvrdí, že učení dávných rišijů, které mluví o možnosti příštího zrození člověka jako zvířete, není pravda. Zní až příliš nepříjemně… Přesto nám rišijové i svaté knihy jako Bhagavad-gíta sdělují, že na dlouhé cestě, kterou duše či dživa prochází na své cestě k mystickému spojení se Stvořitelem, může nastat situace, kdy příští vtělení bude stát níže (nebo i výše) než je to lidské.

Máme-li jasnou představu o cíli lidského života spolu s „akčním plánem" či „diagramem vývoje", může náš život získat jasný směr a nést plody. I když svého cíle nedosáhneme ani na konci života, získáme v příštím zrození lepší podmínky. Uvedená slova jsou jasně definována v rozhovoru mezi Bohem Krišnou a jeho žákem Ardžunou v šesté kapitole Bhagavad-gíty, kterou je vhodné pozorně přečíst:

Ardžuna pravil:

V této józe, kterou učíš, Ó Krišno, jak může neklidný duch člověka dojít pokojné odevzdanosti, kterou máš na mysli? Vždyť lidský duch (mysl), Krišno, je tak nestálý, nepokojný, nepoddajný a nespoutaný jako vítr.

Vznešený odpověděl:

Není pochyb o tom, že mysl je vrtošivá a těžko ovladatelná, ale cvičením a sebevládou, Ardžuno, jej lze přece jen udržet na uzdě! Těkavá mysl si těžko osvojí postoj odevzdanosti, nutný pro tento úkol, ale kdo ovládá sebe, a usiluje o to pravými prostředky, může tohoto cíle dosáhnout.

Ardžuna se však znovu tázal:

Co se stane s člověkem, Krišno, který není schopen takto cvičit svou mysl, ač je jinak pln víry? S člověkem, který je váhavý v činech, ač pln oddanosti? Nespadne jako mrak z nebe do propasti? Neboť jaká stezka zbývá, Krišno, tomu, kdo ztroskotal na obou cestách za Poznáním? Rozetni tuto mou pochybnost, ó Krišno, neboť jedině Ty můžeš ukončit moji nejistotu.

Vznešený odvětil těmito slovy:

Tomu, jehož jsi mi popsal, Ardžuno, zkáza věru nehrozí ani na tomto, ani na onom světě, neboť milovník dobra není nikdy ztracen. Neboť je-li spravedlivý, ale propadl v duchovních cvičeních, zrodí se znovu v domě krásy, dobra, lesku a čistoty. Nebo se narodí v rodině svatých a slavných lidí – vzácný to vskutku zrod. Tam si podrží duchovní zkušenost, kterou získal ve svém předchozím životě, Ardžuno, a odtud znovu bude usilovat o dosažení dokonalosti. Jeho dřívější úsilí jej unáší k cíli. Neboť moc, která ho pohání, je silnější, nežli moc obřadu a vyšší, nežli slova svatých knih. Tak postupuje neúnavně skrze mnohá zrození a nakonec dochází, prost vší poskvrny, k nejvyššímu cíli svého snažení.

v. 33– 45

Tyto verše nám v našem duchovním životě dávají velkou naději a útěchu. Když se my, devotees, podíváme na náš současný stav, je normální, když máme pocit, že v tomto životě svého cíle nedosáhneme. Děláme si starosti o svůj osud a naše příští zrození. Bude veškeré naše úsilí vniveč? Budeme muset opět začít od začátku? Vznešený nám říká „Nebojte se!" Nic nepřijde na zmar. Naše úsilí funguje jako ukládání úspor na věčný bankovní účet, který přežije naši smrt a trvá život za životem. Budeme šťastně přebývat v jiných světech a zrodíme se do podmínek, které budou příznivé pro náš další duchovní rozvoj. A aniž si toho budeme vědomi, budeme pokračovat ke svému cíli ještě s větším úsilím.

Význam slov „aniž si budeme vědomi" je velmi informativní. Mája je jako gravitace. Vždy nás stahuje dolů, i když si to, mimo konkrétních situací, neuvědomujeme. Díky ní se lidé tohoto světa obvykle necítí přitahováni k ničemu skutečně duchovnímu. Takřka většina bytostí je zaneprázdněna uspokojováním své latentní touhy po smyslové radosti a odstranění trápení. Avšak ti, kteří ve svém minulém životě skutečně usilovali o osvobození, budou i přes světské tendence tíhnout k další a intenzivnější snaze o duchovní Realizaci. Amma uvádí, že relativně rychlý duchovní pokrok člověka bývá právě dán sádhanou (duchovní praxí), kterou prováděl ve svém předchozím životě. Intenzita jeho nynější praxe toto pravidlo potvrzuje. I když takovou naléhavost v sobě necítíme, měli bychom se přesto snažit, protože i když se nám nepodaří dosáhnout Nejvyššího cíle ještě v tomto životě, v životě příštím mu budeme mnohem blíže. Je to moudrá investice.

Kromě těchto optimistických slov bychom neměli zapomínat, že největší síla k Osvobození je milost gurua. Stačí jediná myšlenka, kterou Amma vůči nám nasměruje, a získáme dostatek síly k odstranění dlouhotrvajícího závoje duchovního zatemnění či adžňány, která zakrývá naši skutečnou Podstatu. Tuto milost si samozřejmě musíme zasloužit svým intenzivním usilováním.

Plán pro děti

Jaký je tedy akční plán? Když jsme dětmi, fungujeme jako dvounohá zvířata. Děláme vše stejně: jíme, vylučujeme, spíme, hrajeme si, milujeme, pereme se, atd. Ale později, za nějakou chvíli, tak kolem pátého roku by rodiče měli začít budovat základy pro naši „cestu do nebe". V této etapě mají být zajištěny provize, které na naší dlouhé cestě k Bohu budou potřeba.

> Amma: „Rodiče by měli svým dětem vysvětlovat duchovní myšlenky už v raném věku. Měli bychom jim říct, že existuje vyšší síla známá jako Bůh, která ovládá vše. Když naučíme dítě, aby si tento boží rozměr uvědomovalo ve všech životních okolnostech, naučí se zachovat si svou vnitřní vyrovnanost v každé situaci, ať zvítězí nebo prohraje. I když může v dospělosti získat špatné návyky, ušlechtilé tendence schované v jeho podvědomé mysli jej postupem času přivedou zpět na správnou cestu."

Kromě znalostí o světě, by měli rodiče svým dětem na příkladech a povídkách vysvětlovat následující věci: úctu ke starším a k Bohu, uctívání, pokoru, prostotu, sebeovládání, odpoutanost, službu bližním, obětavost a filozofický postoj.

> Amma: „Děti mají respektovat starší členy rodiny, slušně jim odpovídat, poslouchat jejich rady; neměly by si z nich dělat legraci, odpovídat hlasitě nebo ironicky. Pro spokojenou rodinnou atmosféru je to zásadní."

Aby to šlo prakticky zvládnout, děti bychom měli naučit následující: jógové ásány, sánskrtské verše a modlitby, duchovní příběhy jako Rámájána, Bhágavata, Mahábhárata či Pančatantra, bhadžany, meditaci, džapu a angažovat je v karmajóze či sévě. Vše jako přídatné znalosti k jejich světskému vzdělání. Uvedená praxe vytvoří pevný základ pro budoucí duchovní směřování.

Manželský život

Většina z nás touží po partnerovi, bohatství, slávě, pohodlí, majetku, smyslových radostech a dětech. Tyto věci se naplňují v manželském životě. I v tomto stádiu bychom ale měli aplikovat duchovní praxi, kterou jsme se jako děti naučili. Kvality jako vztek, lakomost, sobectví, žárlivost a sexuální touhu je třeba postupně ovládnout a omezit. Uvádím sice postupně, ale to „postupně" neznamená, že nebudeme dělat vůbec nic… Manželský život představuje úroveň, kde se nám dostává množství příležitostí k vlastnímu zdokonalení. Je smutné, že když se rozhlédneme kolem, tak v životech lidí dnes mnoho pozitivních vlastností nespatříme. Sobectví drží svou moc zdánlivě pevně v rukách.

V lese

Pokud jsme na očištění své mysli od všech slabostí a negativních kvalit tvrdě pracovali a pravidelně prováděli duchovní praxi, měla by se objevit skutečná láska a odpoutanost. V tuto chvíli jsme již připraveni na „svůj lesní exil." Jedná se o životní stádium, kdy se nezajímáme o světské záležitosti a je-li to možné, usadíme se někde v ašramu nebo celý svůj čas věnujeme duchovní praxi u sebe doma.

> Amma: „Když děti vyrostou a dokážou se o sebe postarat, manželé by měli odejít do ašramu a věnovat se duchovnímu životu – pomocí meditace, džapy, nezištné pomoci pracovat na svém duchovním zdokonalení. Od začátku duchovního života je nezbytné, abychom kultivovali silnou připoutanost jedině k Bohu a tím přechod na toto stádium umožnili. Bez takového duchovního pouta bude naše mysl závislá na svých tendencích; nejprve na dětech, pak vnoučatech atd. Tento druh

připoutanosti našim dětem ani nám nic nepřinese. Pokud své připoutání neodstraníme, budeme žít svůj život nadarmo. Když na druhou stranu strávíme svůj čas sádhanou, naše duchovní síla pomůže nejen nám, ale i celému světu. Proto kultivujte zvyk odpoutání mysli od bezpočtu světských objektů a nasměrujte ji výhradně k Bohu. Voda nashromážděná v nádrži může téci do všech kohoutů zároveň. Když se nám tedy podaří, abychom během veškeré práce mysleli na Boha, budou z toho mít prospěch všichni v naší rodině. Nejvyšším smyslem života by nemělo být shánění majetku pro naše děti či příbuzné; ale soustředění na vlastní duchovní rozvoj."

Odpoutání

Je-li člověk přesvědčen o skutečnosti Boha a iluzorní povaze světa, je-li jeho touha po smyslovém životě omezena na pouhé přežití, touží-li někdo silně po realizaci Boha, nastane stádium úplného odpoutání, absolutní závislosti na Bohu a úplného odevzdání se spiritualitě. Může se jednat o vnitřní postoj nebo i vnější podobu. Praxe člověka je posléze život v átmánu či duši. Ta představuje jeho jedinou skutečnou povinnost.

Neměli bychom si myslet, že milost Boha či gurua získají jen takto odpoutaní jedinci. Milost přichází v různých podobách podle našeho stupně a druhu praxe. Člověk žijící v manželství si ji může zasloužit a dostat ji v jiné podobě než mnich.

Bůh a jeho skrytí služebníci

Existuje dávná legenda o poustevníkovi, který žil vysoko v horách v malé jeskyni. Živil se žaludy a kořínky či kouskem chleba a sýru, který mu tu a tam daroval kolemjdoucí poutník či žena, která od něj chtěla modlitby; jeho prací bylo modlení a úvahy o Bohu. Tímto způsobem žil čtyřicet let; kázal, modlil se za druhé, utěšoval trpící a především, uctíval Boha ve svém srdci. Staral se pouze o jedinou věc: zdokonalit a očistit svou duši natolik, aby se mohla stát jedním z kamenů velkého chrámu Páně na nebesích. Po čtyřiceti letech pocítil jednoho dne velkou touhu poznat, jak daleko svým úsilím pokročil, a sice jak o tom soudí Bůh. Modlil se, aby se mu zjevil člověk –

„Jehož duše v nebeskou milost vyrostla
stejnými prostředky jako jeho samotná,
jehož poklad nad Božími nebesy
není menší ni větší než jeho vlastní zásluhy"

Když od své modlitby pohlédl vzhůru, na cestě před sebou spatřil bíle oděného anděla. Poustevník se mu s velkou radostí uklonil, protože věděl, že jeho přání bylo vyslyšeno.

„Odeber se do nejbližší vesnice." Řekl anděl. „A tam, na veřejném prostranství potkáš klauna, který za peníze baví lidi. On je mužem, kterého hledáš, jehož duše vyrostla v tu samou výši jako tvá a jehož poklad nad Božími nebesy není ani větší či menší než ten tvůj."

Když mu anděl zmizel z dohledu, poustevník se znovu uklonil, tentokrát však s velkým trápením a obavami. Bylo čtyřicet let jeho modlení chybou a je jeho duše skutečně stejná jako duše klauna, který hraje na tržišti? Nevěděl, co si myslet. Skoro už doufal, že takového člověka nenajde a takřka uvěřil, že se mu andělské zjevení zdálo. Když ale sešel do vesnice na náměstí, po dlouhé vyčerpávající cestě, hle; najednou uviděl klauna, jak lidem předvádí své hloupé kousky.

Zastavil se a se zděšením a obavami klauna pozoroval, protože měl za to, že se dívá na vlastní duši. Klaunova tvář byla hubená a unavená, a přestože lidem nastavovala úsměv či grimasu, poustevníkovi připadala strašně smutná. Muž brzy vycítil poustevníkův pohled a nemohl se svými kousky pokračovat. Když skončil a lidé odešli, poustevník přiměl klauna, aby si šli na chvíli někam odpočinout. Více než cokoli jiného na zemi si přál poznat klaunovu duši, protože byla stejná jako ta jeho. Po chvíli se jej tedy zlehka zeptal, jakým způsobem žil a žije. Klaun velmi smutně odvětil, že jeho život vypadá přesně tak, jak před chvílí viděl – život hloupých triků, protože to byl jediný způsob, jak si dokázal vydělat na kus chleba.

„A nikdy jsi nebyl ničím jiným?" Ptal se s bolestí poustevník.

„Ano, svatý otče," držel si klaun hlavu v dlaních. „Byl jsem něčím jiným. Byl jsem zloděj… Kdysi jsem patřil k nejhorší tlupě horských lupičů, kteří trápili venkovany; a já byl z nich ten nejhorší."

Ach… Poustevníkovi se zdálo, že mu puká srdce. Takto tedy vypadá před Bohem – jako zloděj, nelítostný lupič z hor? Nemohl ze sebe dostat slovo a po jeho staré tváři stékaly slzy. Sebral však sílu a klaunovi položil poslední otázku. „Prosím," řekl. „Jestli jsi někdy ve svém životě udělal jediný dobrý skutek, vzpomeň si a pověz mi o něm." Myslel si, že alespoň jeden dobrý skutek jej zachrání z největšího zoufalství.

„Jeden ano," řekl klaun. „Je ale tak malý, že nemá smysl o něm mluvit; můj život byl zbytečný."

„Řekni mi o něm!" Naléhal poustevník.

„Jednou," odvětil muž. „se naše tlupa vloupala do klášterní zahrady a unesla jednu jeptišku, aby ji prodala jako otrokyni nebo dostala výkupné. Táhli jsme ji s sebou dlouhou, strmou cestou do našeho horského ležení a v noci jí přidělili hlídače. Ubohá žena se k nám tak zbožně modlila, abychom ji pustili… Když prosila, dívala se na každého z nás svýma věřícíma, zkoumavýma očima, jakoby nevěřila, že lidé mohou být ve skutečnosti špatní. Otče, když se naše oči střetly, v mém srdci se něco pohnulo... Po prvé jsem v sobě pocítil stud a lítost. Zatvářil jsem se však stejně tvrdě a neústupně jako ostatní a ona se v beznaději odvrátila.

Když nastala tma jako v pytli a ticho, jako kočka jsem se připlížil k místu, kde svázaná žena ležela. Položil jsem jí ruku na zápěstí a zašeptal: „Věř mi a dostanu tě v bezpečí domů." Nožem jsem jí přeřezal pouta a ona na mne s důvěrou pohlédla. Otče, nelítostnými cestami, které jsem znal a v úkrytu před ostatními jsem ji bezpečně dopravil k branám kláštera. Zaklepala, brána se otevřela a ona vklouzla dovnitř. Než odešla, otočila se a řekla: „Bůh si to bude pamatovat."

„To je vše. Nemohl jsem se již vrátit ke svému starému špatnému životu a nikdy jsem nepoznal žádný čestný způsob, jak si vydělávat na chleba. Stal jsem se tedy klaunem a musím jím zůstat až do smrti."

„Ne! Ne! Můj synu," plakal poustevník, ale jeho slzy nyní byly slzami radosti. „Bůh si vzpomněl; tvá duše je v jeho pohledu stejná jako ta moje, který jsem se modlil a kázal čtyřicet let. Tvůj poklad na tebe čeká v nebeské říši stejně jako na mě."

„Jako váš? Otče, děláte si ze mě legraci!" Ozval se klaun.

Když mu však poustevník vyprávěl příběh o své modlitbě a návštěvě anděla, ubohého klauna zaplavila nesmírná radost; věděl, že Bůh mu odpustil. Když se poustevník vracel zpět do hor, odešel s ním a tak se i on stal poustevníkem a zasvětil svůj život modlitbě a uctívání.

Žili a pracovali spolu a pomáhali chudým. Muž, který býval klaunem, za dva roky zemřel a tehdy poustevník pocítil, že ztratil bratra, který byl více svatý než on sám.

Dalších deset let žil poustevník ve své horské poustevně sám a stále myslel na Boha, modlil se, držel půsty a neprovedl žádný špatný skutek. Jednoho dne opět ucítil touhu zjistit, jak na tom se svým úsilím je a znovu se modlil, aby spatřil bytost, která mu bude podobná.

Jeho modlitba byla opět vyslyšena. Zjevil se mu anděl a poslal jej do jisté vesnice na druhé straně hory, kde na malém statku žily dvě ženy. V nich nalezne duši, která bude z Božího pohledu, stejná jako jeho.

Když se poustevník přiblížil k vratům malého selského stavení, dvě tamější ženy ho s radostí pozdravily, neboť poustevník byl všemi milován a respektován. Na stinné verandě mu nabídly židli a přinesly jídlo a pití. Poustevník však nemohl čekat. Velmi toužil zjistit, jak vypadají duše žen; z jejich tváří dokázal vyčíst jen to, že se jedná o velmi milé a čestné bytosti. Jedna byla starší, druhá asi ve středním věku.

Zeptal se tedy na jejich život. Vyprávěly mu něco málo, co věděly; že vždy tvrdě pracovaly na polích se svými muži nebo doma; měly hodně dětí; poznaly těžké chvíle – nemoc, trápení, ale nikdy si nezoufaly.

„A udělaly jste někdy něco dobrého?" Zeptal se poustevník.

„Velmi málo." Odpověděly, protože byly moc chudé, než aby mohly hodně dávat. Každým rokem jen když zabily ovci, daly polovinu svým ještě chudším sousedům.

„To je moc hezké a ušlechtilé." Poznamenal poustevník.

„A nevzpomínáte si na ještě nějaký dobrý skutek?"

„Ne," řekla starší žena, „Jenom, jenom.. – to by možná mohlo vypadat jako dobrý skutek…" Pohlédla na mladší ženu, která se na ní usmála.

„Co je to?" Ozval se poustevník.

Žena stále váhala, ale nakonec nejistě řekla: „Není moc o čem mluvit, otče, jen tohle: už je to dvacet let, co jsme spolu se švagrovou začaly žít pod jednou střechou. Vychovaly jsme zde své rodiny a za celých dvacet let jsme si navzájem neřekly jediné špatné slovo a nevyměnily jediný nehezký pohled."

Poustevník se před oběma ženami sklonil a v srdci poděkoval. „Vypadá-li má duše takto", řekl si, „pak jsem získal obrovskou milost."

Nesmírné světlo náhle prostoupilo poustevníkovu mysl a on spatřil, kolik existuje způsobů, jak Bohu sloužit. Někteří mu slouží modlitbami a obřady v ašramech, chrámech a poustevnických celách; jiné ubohé duše, které žily špatně, se odvrací od špatnosti a slouží mu svým pokáním; někteří žijí ctnostně a v míru ve skromných obydlích, kde klidně a s radostí pracují, vychovávají děti; jiní kvůli Němu trpělivě snáší bolest. Nekonečné, věru nekonečné jsou Jeho způsoby, které znají pouze nebeské bytosti.

Poustevník se tedy opět vrátil do hor, a když v dáli spatřil zářivé světlo, které pocházelo z nějaké chalupy a připomínalo mu hvězdu, pomyslel si: „Kolik jen existuje Božích služebníků."

Kapitola 9

Potřeba odříkání

Na karmana na prajaya dhanena
Tyagennaike amrita tvamanasuh
Parena nakam nihitam guhayam
Vibhrajate yadyatayo visanti

Ani činností, ani získáním potomstva a bohatstvím,
ale jedině zřeknutím se je dosaženo nesmrtelnosti.
Tento Nejvyšší stav je daleko za nejvyššími nebesy;
a moudří jej zakouší, jak oslnivě září ukrytý
v jeskyni jejich srdce.

– Mahanarayana upanišada 4.12

O významu a nezbytnosti odříkání mluví Amma často. Obecně lze říci, že odříkání v nás žádnou představu o štěstí nevzbuzuje. Zdánlivě si jej spojujeme spíše s nějakým druhem utrpení, mučení či trestu, jakýmsi pohárem hořkosti. Amma však tvrdí, že jeho význam spočívá v trvalém štěstí, které poskytuje. Většina z nás si myslí, že štěstí je cokoli, co naší mysli a smyslům dává pocit radosti. Něco na tom je, ale Amma říká, že není třeba se na tak pomíjivé a omezené štěstí upínat. Proč neusilovat o radost, která vyústí v trvalé uspokojení? Proč se hnát jen za několika kapkami medu, když je ho k dispozici celý oceán? Tato slova najdeme u všech moudrých bytostí ze všech dávných duchovních tradic; jedná se o slova, která se zrodila z jejich zkušenosti sjednocení s Bohem: Uvnitř vás existuje oceán blaženosti. Nyní si ho nejste vědomi. Pomocí duchovní praxe usilujte o tuto zkušenost a štěstí a klid budou vaše; štěstí, které vám žádný člověk a žádná situace nebudou moci vzít.

Existují různé úrovně štěstí či ánandy. Máme lidské štěstí, vyšší štěstí jemných či nebeských světů a boží blaženost či *brahmanandu*. Jedině brahmananda trvá navždy a stojí ve všech ohledech nejvýše. Dosáhneme-li ji, zůstáváme spokojeni. Pták může poletovat, jak dlouho chce. Někteří ptáci dokážou letět tisíce kilometrů bez přestávky, ale nakonec se musí opět snést na zem. I my můžeme cestovat ve stvořeném po mnoho životů a hledat blaženost, ale posléze se musíme vrátit domů – a přistát na mateřské půdě vlastní Podstaty – átmánu či Boha.

Amma si pod odříkáním představuje postupné odpoutání mysli a smyslů od světských objektů a soustředění na Boha, neměnnou realitu tohoto stále se měnícího světa, Boží blaženost a Podstatu naší mysli. Bůh není nějakým nudným starcem s dlouhým, bílým plnovousem žijícím v nebi, který drží svůj prst na tlačítku „úder" a je vždy připraven nás potrestat. Bůh je ztělesněním blaženosti, nekonečným oceánem vědomí za naší individuální myslí.

Odříkání znamená i zřeknutí se toho, co je pro nás z duchovního hlediska špatné. Když to vyzkoušíme, dospějeme k závěru, že celý náš život, výchova a každodenní zkušenosti učí pravý opak. V průběhu následování cesty ke světskému štěstí v nás dojde k rozvinutí značného množství negativních a destruktivních sklonů – pýchy, egoizmu, vzteku, netrpělivosti a lakomství. V touze po štěstí tyto tendence zaměstnáváme a končí to tak, že se kvůli nim cítíme zle my i druzí. Tak vypadá podivné fungování máji, síly univerzální iluze.

Odříkání není něco, co může náhle a upřímně praktikovat většina lidí. Rozvíjíme je postupně. Někteří devotees žijící manželským životem můžou mít pocit viny, že usilují o světské cíle a těší se z životních radostí, když Amma tak zdůrazňuje odříkání. Amma však tvrdí, že *grihastashrami* či člověk mající rodinu se má radovat ze všeho, co mu svět nabízí. Zpočátku se snažte získat co největší naplnění skrze světský život. Za nějaký čas začněte pozvolna praktikovat odříkání. Nakonec si zkuste uvědomit a pochopit negativní stránku radostí a současně kultivujte lásku k Bohu. S tímto nám mohou pomoci mahátmové (velké duše) a četba tradičních knih jako Bhagavad-gíta a Šrímad Bhágavatam. Zamyslete se nad skutečným smyslem lidského života. Pravé zřeknutí vznikne pouze tehdy, když mysl žije v Božím vědomí.

Fyzické odříkání není pro každého. Pro některé nastane v budoucnosti. Může se někdo sám nutit k odříkání? V takovém člověku musí nejprve nastat silný pocit odpoutanosti od všeho a všech. Světské radosti a události se stanou prázdnými a nesmyslnými, rušivými momenty, kterými ztrácíme cenný čas a život. Měli bychom získat vhled do povrchního a egoistického charakteru světského života. Světské záležitosti nám začnou připadat nesnesitelné a prázdné jako bezedná propast. Dosažení Boží blaženosti a únik z koloběhu života a smrti získají na důležitosti a stanou se nejvyšším cílem našeho života.

Někteří lidé berou odříkání jako možnost úniku před zklamáním, trápením a problémy světské existence. Někdy i opustí rodinu, práci a uchýlí se na posvátné místo, přírodní památku nebo se vydají na pouť; dříve či později se jim ale začne po starém životě stýskat a vrátí se zpět. Nebo začnou nový světský život na jiném místě.

Máme zde ještě další druh odříkání – *smasana vairagya*. Nastane, když někdo navštíví pohřeb či kremaci, spatří mrtvé tělo nebo strašnou nehodu nebo se dostane velice blízko smrti. Začne uvažovat, že jeho tělo stihne v budoucnu podobný osud. Začne hodně filozofovat o životě, pocítí určitou odtažitost od každodenních záležitostí a začne vážně přemýšlet o duchovní cestě. Když se však dostane domů a spadne do běžné rutiny všedního dne, na své pocity zapomíná.

V případě devotees Ammy, je na ní, aby rozhodla, zda jsme pro život v odříkání zralí či nikoli. Vidí více než my. Nejlepší pro nás tedy je, můžeme-li s ní uvedenou věc konzultovat. Pro nás je velice obtížné poznat, zda máme k uvedenému životu dostatečné množství odpoutanosti. Amma nám ukáže cestu a řekne, jaká případná opatření máme přijmout.

Swámi, co miloval puding

Swámi vstoupil do stavu sanjásy (život v odříkání, mnišství) bez požehnání gurua. Živil se jen ovocem a kořínky, které rostly kolem jeho obydlí na lesní samotě. Jeho poustevna ležela nedaleko vesnice a tamější děti si k ní často chodily hrát. Jednoho dne zaslechl, jak děti křičí a perou se, vyšel tedy ven zjistit, co se děje. Dva bratři se mezi sebou prali kvůli události z předchozího dne, kdy se starší chlapec se svým mladším bratrem nerozdělil o puding (*payasam*). Jakmile sádhu uslyšel slovo „payasam", probudila se v jeho mysli touha. Jeho mysl se vrátila o třicet let nazpět, kdy ještě žil se svou rodinou a pravidelně jedl puding a vše, na co měl chuť.

Uvažoval: „Kde bych teď sehnal puding? Nehodí se, abych se po tolika letech vrátil domů. Možná bych se vrátil k původnímu životu a způsobil si množství potíží. Ale nic se nestane, když půjdu do vesnice a poprosím o nějaké jídlo. Možná se v nějakém domě najde payasam a trochu mi dají."

Po celá léta žil sádhu pouze z toho, co mu poskytl les a s vesničany nepřišel do styku. Nyní se rozhodl vesnici navštívit.

Potřeba odříkání

Večer opustil poustevnu, ale cestou se ztratil. V lese bloudil celou noc až do příštího rána. Nakonec uslyšel nějaké hlasy a šel za nimi. Zeptal se na cestu do vesnice a následující scénář jej velice překvapil.

„Tady je ten zloděj, kterého celou dobu hledáme! Převlékl se jako sádhu. Chyťte ho!"

Pevně jej chytli, ztloukli a přivedli na policejní stanici. Četníci mu vyhrožovali mučením, pokud neřekne, kde skrývá ukradené zboží. Celá vesnice se šla podívat, jak vypadá zloděj převlečený za sádhua.

Sádhu se třásl strachy a modlil k Bohu, aby ho zachránil. Neměl tušení, co se děje.

Zanedlouho poté šel kolem mahátma, který se vracel od řeky, kde vykonal svou očistu. Ihned pochopil situaci a řekl policistovi: „Máte nesprávného člověka. Tento muž je nevinný sádhu, který žije v lese asi deset mílí odsud. Pravého zloděje chytili jinde a nyní již sedí ve vězení. Prosím pusťte tedy tohoto muže, dejte mu najíst trochu pudingu a pošlete jej zpět do jeho poustevny."

Vesničané moudrého mahátmu dobře znali a sádhu byl propuštěn. Sklonil se k nohám osvíceného muže a propukl v pláč. Litoval svého špatného sebeovládání a vrátil se do lesního příbytku. Přání vždy vedou k problémům, zejména v případě sádhua či duchovního žáka, který nemá gurua…

S životem v tomto světě se to má jako s docházkou do školy. Procházíme jednotlivé třídy a učíme se různé vědomosti. Nicméně tento svět je jen škola a v ní bychom neměli zůstat věčně. Měli bychom složit státnice do skutečného světa. Skutečný svět je svět Boží blaženosti, svět Boha. Praktikujme tedy ve svém každodenním životě odříkání, jakýmkoli způsobem a na jakémkoli stupni, jak radí Amma. I když opustíme svůj domov, naše mysl nás bude následovat. Dokud se nezřekneme svých myšlenek, nikdy se nám nepodaří před ní uniknout.

Kapitola 10

Vásány

Amma vysvětluje, že skutečným cílem lidského zrození je zkušenostní poznání stavu jednoty s naším Stvořitelem, s Bohem, v mysli, která se očistila pomocí spirituální disciplíny. Chceme-li tuto zkušenost získat, musíme svou v současnosti neklidnou mysl zbavit myšlenek a pocitů, aby vypadala jako pokojná hladina oceánu bez vln. V průběhu kultivace usiluje *sádhak* (aspirant) o omezení myšlenek, aby mohlo dojít k odhalení skryté Skutečnosti. Hladinu rybníka může pokrývat souvislá plocha řas, ale jakmile řasy odhrneme, uvidíme vodu. Stejně tak átmán: v současnosti je zakryt slabšími či silnějšími myšlenkami. Zážitek či vhled do naší Podstaty přijde na řadu ve chvíli, kdy snížíme množství myšlenek.

Amma říká:

> „Když s upřímností a láskou recitujeme mantry, získáme klidnou a vyrovnanou mysl a následně dojde ke snížení množství myšlenek. Když budete mít myšlenek méně, vaše mysl bude klidnější. Psychické napětí a neklid jsou důsledkem bezpočtu mentálních vln, které na oplátku způsobují různé druhy negativních tendencí – chtivost, vztek, žárlivost, lakomost, atd. Když budeme s koncentrací opakovat mantry, získáme kapacitu přijmout příjemné i nepříjemné životní zkušenosti jako Boží vůli

a požehnání. Pokud se modlíte jen za splnění přání, není tento výsledek možný. V tomto případě vaše životní zklamání a trápení vzrostou. Klidná mysl představuje nejdůležitější věc."

Abychom úspěšně redukovali myšlenky, musíme si pomocí meditace začít uvědomovat svou mysl. Naše pozornost se tak od vnějších záležitostí obrátí k vlastní mysli. Mysl je tvořena jednak obvyklým šumem či vibracemi na pozadí a velmi intenzivními myšlenkami a pocity, které mohou sloužit jako motivace a vytvářet štěstí či trápení. Představují jakési uzlíky vytvářející látku naší mysli. Popisují se jako *vásány* či upevněné myšlenky, které nás pohánějí, a my mluvíme, jednáme a zaplétáme se do příjemného či problematického oceánu karmy.

Tři guny

Některé myšlenky a pocity mentální klid podporují, jiné naši mysl rozruší. Uklidňující myšlenky a pocity nazýváme sattvické a ty, které způsobují neklid a vedou k trápení, radžasické a tamasické. Celý vesmír se skládá ze tří gun (kvalit).

Pán Krišna říká:

„Proniká-li každou branou těla světlo vědění, tedy věz, Ardžuno, že Čistota (sattva) vládne tomuto obydlí.

Lakota, vzrušení mysli, přemíra činů, neklid a touha jsou domovem zase tam, kde sídlí Činorodost (radžas), ó náčelníku Bhárátů.

Beznaděj, tupost, zmatek, temnota a sebeklam pučí vždy, když vládne Nevědomost (tamas), královský synu.

Člověka, jenž zmírá pod křídly sattvy, vynáší nový zrod do neposkvrněných končin lidí milujících Pravdu.

Duše člověka, jenž potkává smrt v panství radžasu, vchází novým zrodem do života nutkavé činnosti. Ale ten, jenž umírá v tamasu, je odsouzen k opětovnému narození z lůna nerozumu.

Sladké je ovoce sattvy, hořké je ovoce radžasu, ale jedovaté je však ovoce tamasu.

Ze sattvy vykvétá moudrost, z radžasu lakota, ale zmatek, sebeklam a tupost jsou trojím plodem tamasu.

Ti, kdo jdou za sattvou, jdou vzhůru, kdož milují radžas, stojí na místě, ale tamasičtí lidé klesají na nejnižší úroveň.

Ten, kdo povznáší se nad tyto tři vlastnosti, které řídí chod těla, osvobozen jest od dalšího narození, bolesti a zániku a dozrává k nesmrtelnosti."

– Bhagavad-gíta, K.14, v 11– 18, 20

Níže je vyčerpávající seznam kvalit vzniklých ze tří gun. Po přečtení si můžeme uvědomit, s jakými gunami se přátelíme a jak bychom měli toto přátelství pozměnit.

Sattva: trpělivost, radost, uspokojení, čistota, spokojenost, víra, štědrost, odpuštění, spolehlivost, dobročinnost, vyrovnanost, pravda, mírnost, skromnost, klid, jednoduchost, odpoutanost, nebojácnost, ohled na zájmy druhých a soucítění se všemi bytostmi.

Radžas: pýcha na vlastní krásu, uplatňování síly, válka, lakomost, absence soucítění, excitace na základě štěstí či trápení, radost z pomlouvání, hádky a debaty, arogance, hrubost, úzkost, nepřátelství, utrpení, přivlastňování si cizího majetku, nestoudnost, nepoctivost, bezcitnost, chtivost, pýcha, hněv, povýšenost, krutost a urážky.

Tamas: nedbalost, lenost a letargie, netečnost a omyl, vulgárnost, vratkost, tvrdohlavost, podvádění, podlost, otálení a oddalování.

Tamas lze odstranit radžasem, který je na oplátku překonán sattvou. Mysl musíme uvést do takového klidu, že nebudou přítomny kvality žádné, pouze pozornost, vědomí a blaženost. Jak ale Pán říká:

> „Tuto mou Boží iluzi povstávající ze tří gun, je věru těžké překonat. Kdokoli hledá jen Mne samotného, tuto iluzi překročí."
>
> – Bhagavad– Gíta, K. 7, v. 4

A to je velmi těžká dřina. Uvedený boj o mentální čistotu se nazývá *tapas* či pokání. Není jiné cesty. Tímto bojem musí dříve či později projít každá živá bytost. Boj ji posílí a ona dokonale ovládne svou mysl. Nebudeme-li usilovat o vlastní povznesení, naše negativní vásány nás pohltí a život za životem nám budou přinášet množství utrpení.

> „Člověk je svou přirozenou podstatou neustále ovlivňován. Nechť se tedy vzchopí, aby sám sobě byl přítelem a nikoli nepřítelem. Ten, kdo přemohl sebe, má svého přítele v sobě, ale kdo nezvítězil nad sebou, má v sobě věčného nepřítele."
>
> – Bhagavad– Gíta, K. 6, v. 5– 6

Život motýla

Jeden student našel motýlí kuklu a přinesl ji do studovny biologické laboratoře. Učitel kuklu vložil do nepoužívaného akvária a rozsvítil lampu, aby jí simuloval teplo. Asi za týden se na spodní straně kukly objevila malá dírka. Žáci se dívali, jak se kukla začala třást. Najednou se objevila malá tykadélka, za nimi hlava a přední nohy. Každou přestávku pospíchali žáci do laboratoře, aby viděli, jak vývoj kukly pokračuje. Kolem oběda se jí podařilo uvolnit nehybná křídla a barvy napovídaly, že se jedná o motýla Monarchu stěhovavého. Třepotal se, bojoval, ale vypadalo to, že se zasekl. Ať se snažil sebevíc, zdálo se, že motýl nedokáže své tělo malým otvorem v kukle dostat ven.

Jeden žák se nakonec rozhodl motýlovi v jeho trápení pomoci. Vzal ze stolu nůžky a motýlího tvora z kukly vytáhl. Jeho vrchní část vypadala jako motýl se svěšenými křídly a spodní část, která právě vykoukla z kukly, byla velká a oteklá. Zakrslá křídla však motýlovi nedovolila létat. Motýl se jen plazil na dně akvária a tahal za sebou křídla a oteklé tělo. Krátce na to zemřel.

Další den učitel biologie vysvětloval, že boj motýla o průchod úzkým otvorem je nezbytný, protože při něm dochází k násilnému odtoku tekutiny z otekleho těla do křídel, které tím zesílí, aby mohla létat. Bez boje se křídla nevyvinou a motýl nepoletí. Jako motýl – ani my se bez boje duchovně nerozvineme.

Zkušenost Thomase Edisona

Všichni jsme o tom slyšeli. Thomas Alva Edison vyzkoušel dva tisíce různých materiálů k vytvoření světelného vlákna žárovky. Když ani jeden nezafungoval, jeho asistent si začal stěžovat: „Všechna naše práce je na nic. Nic jsme se nenaučili."

Edison však velmi sebevědomě poznamenal: „Náhodou jsme ušli velmi dlouhou cestu a dost jsme se toho naučili. Víme, že existuje dva tisíce druhů materiálů, které nelze na sestrojení funkční světelné žárovky použít."

Amma říká, že naše vásány může dokonale odstranit pouze guru. To patrně znamená, že pomocí vlastního úsilí dosáhneme určitého stupně a posléze nám musí guru sám svou milostí odhalit transcendentní moudrost nebo vyvolat veškeré věci z hlubin naší psyché, abychom je mohli uvidět a pracovat s nimi. Musíme si uvědomit vše, co se tam skrývá, abychom si mohli „doma" vygruntovat. Svou mysl musíme podrobit velmi důkladnému úklidu. Většina z nás si ani neuvědomuje, co v naší mysli ve skutečnosti dřímá. Ihned dokážeme vidět chyby druhých nebo to, co za jejich chyby považujeme, ale ty vlastní nám blaženě unikají. I Kristus řekl: „Proč vidíš třísku v oku svého bratra, ale trám ve vlastním oku nevnímáš?"

Jak to guru vše zařídí? Amma říká:

„Guru bude svému žákovi činit problémy a trápení. Žák je musí překonat intenzivní sádhanou. Spiritualita není pro líné lidi. Obtíže na jemné úrovni lze jen těžko srovnávat s problémy externího světa. Ale pro toho, kdo svůj život věnuje satguruovi, není se třeba bát.

Guru bude žáka zkoušet různým způsobem. Jedině člověk, který je obdařen silným odhodláním, všechny zkoušky zvládne a na duchovní cestě pokročí. Jakmile se tak stane, nekonečná milost gurua bude k žákovi směřovat trvale. Cokoli guru dělá, je pouze pro žákovo duchovní zdokonalení. Je naprosto vyloučené, aby se mistr choval jinak. Amma mluví o satguruovi, nikoli o komkoli, kdo sám sebe považuje za gurua. Pravý duchovní mistr se může někdy chovat i nestandardně. Může se na žáka zlobit, aniž by k tomu byl konkrétní důvod nebo mu může vynadat za chyby, které třeba ani neudělal. Toto zdánlivě podivné chování nevzniká proto, že by se guru na studenta zlobil. Je to metoda, jak guru učí odevzdání, trpělivosti a přijetí."

Může se zdát, že vlny vásán deroucích se na povrch nemají konce. Nikdy je však neuspokojíme, když se jim budeme oddávat. Opakováním se jen hlouběji zakoření. Jednoduchou čáru tužkou lze snadno vygumovat, ale když ji několikrát zvýrazníme, už to tak lehce nepůjde. Určité množství světských radovánek a zkušeností uspokojí naše touhy a zvyky, ale současně bychom si měli uvědomovat, že jedině sebeovládání a rozlišování mezi skutečným a tím, co se jen jako skutečné jeví (a je ve skutečnosti naší imaginací), je dokonale zničí. Guru může upřímnému žákovi poskytnout určitou volnost, aby své vásány redukoval, ale ví, kdy situaci změnit a přinutit žáka, aby se dále rozvíjel.

Guruova láska

„Mistře, ať se svou mysl snažím jakkoli usměrnit, stále odbíhá k radovánkám tohoto světa. Často myslím na to, že bych od tebe bez vysvětlení odešel. Ale má oddanost k tobě mi brání, abych se něčeho tak nedůstojného dopustil.

„Můj pane, co musím udělat? Prosím, veď mne." Naléhal devotee na gurua. Neuběhl ani měsíc, co začal žít v mistrově ašramu.

„Dítě, i já bedlivě pozoruji tvůj vnitřní boj. Zbavit se hluboce zakořeněných vásán je obtížné. Neboj se. Odejdi do světa. Na nějakou dobu si vyzkoušej rodinný život a splň si intenzivní přání tvé mysli. Po celou dobu však soustřeď svou mysl na lotosové nohy tvého Boha. Na svůj cíl nikdy nezapomeň. Za deset let se vrať. Déle tam nezůstávej."

Devotee se tedy se svým mistrem rozloučil. Vrátil se do rodného města, oženil se a vedl rodinný život. Srdcem i duší sloužil svému guruovi a zasloužil si jeho milost. Úspěch na sebe nenechal dlouho čekat. Brzy se stal jedním z nejúspěšnějších obyvatel města, měl milovanou ženu a dvě krásné děti.

Uplynulo deset let.

Na prahu mužovy vily se jednoho dne ukázal žebrák. Když děti uviděli jeho zanedbaný vzhled, strachem utekly do domu. Mužova žena začala sádhuovi nadávat, on však zůstal klidný a přál si mluvit s pánem domu. Ženin manžel svého gurua poznal. Velmi uctivě svého starého učitele pozdravil a nabídl mu židli.

„Tak, deset let je pryč. Už jsi nyní spokojený?"

„Zažil jsem vše, co mi život mohl dát, guruji. Mohl bych se vrátit zpět do ašramu, ale jak mohu nechat nezaopatřené tyto malé děti? Prosím dovol mi zůstat ještě několik let, vychovat je a přesvědčit se, že jsou v životě zaopatřeny. Pak se za tebou určitě vrátím."

Uplynulo dalších deset let.

Tentokrát přivítal sádhua starší muž. Jeho žena již zemřela a synové vyrostli v mladé muže, kteří již měli vlastní rodiny.

„Můj milovaný mistře," řekl. „Je pravda, že jsem dostál svým rodinným povinnostem. Všechny mé děti jsou dospělé a vedou úspěšný život. Jsou však mladí. Oddávají se světským radostem. Nemají smysl pro povinnost. Nechám-li je samotné, možná prohýří všechen můj těžce vydělaný majetek a budou hladovět. Musím jim naplánovat rodinný rozpočet a vést jejich počínání. Prosím, dovol mi zde zůstat ještě několik málo let, než budou plně dospělí a převezmou rodinné povinnosti. Pak určitě přijdu a v ašramu zůstanu."

Uplynulo dalších sedm let.

Guru se vrátil za svým žákem.

U brány hlídal velký pes. Guru ho poznal; byl to jeho žák. Vešel do domu a zjistil, že původní majitel před několika lety zemřel. Jeho připoutanost k rodině byla taková, že se narodil jako pes, který hlídal svůj dům a děti. Guru vstoupil do psí duše.

„Tak co, mé dítě. Už jsi připraven mě následovat?"

„Určitě za dva roky, můj mistře." Odpověděl pes. „Mé děti jsou nyní na vrcholu štěstí a prosperity, ale mají několik závistivých nepřátel. Za dva roky však vše přejde. Pak přiběhnu do ašramu."

Dalších deset let uplynulo.

Sádhu se vrátil do domu. Pes byl již také po smrti. Svým moudrým vhledem zjistil, že žák na sebe vzal podobu jedovaté kobry a žije pod stavením. Guru se rozhodl, že nastal čas, aby žáka vyvedl z omylu.

„Bratře," řekl jeho vnukovi. „V základech vašeho domu žije jedovatá kobra. Je to nebezpečný had. Opatrně ji dej pryč. Ale nezabíjej ji, prosím. Dej jí výprask, zlom jí vaz a pak mi ji dones."

Mladý muž si prohlédl prostor pod domem a užasl, že sádhu měl pravdu. Zavolal všechny své sourozence a pořádně hada ztloukli. Jak žádal sádhu, nechali kobru naživu, ale zranili ji tak, že se nemohla hýbat. Sádhu hada láskyplně hladil po hlavě, pak si jej hodil přes rameno a tiše odešel. Vnuci byli velmi rádi, že je zázrakem zbavil jedovatého tvora.

Zpáteční cestou do ašramu říká guru hadovi: „Milované dítě. Uspokojit svou mysl a smysly se ještě nikomu nepodařilo. Žádostivost je neukojitelná. Když jedna zmizí, dalších deset se jich objeví. Jediným řešením je rozlišování. Prober se! Alespoň ve svém příštím životě musíš dosáhnout Nejvyššího poznání."

„Guruji." Zvolal bolestně. „Jak jsi milosrdný… Přestože jsem tě zklamal, vždy jsi za mnou láskyplně přišel, držel nade mnou ochrannou ruku a přivedl mne zpět k tvým lotosovým nohám. V celém světě jistě není nikdo, kdo by měl tolik Boží lásky, jako guru. Nikde na světě neexistuje nesobecká láska, pouze ve vztahu žáka a skutečného duchovního učitele."

Skutečný guru je Bůh. Existuje uvnitř nás ve všech našich zrozeních, a když jsme připraveni vrátit se k původní Podstatě, manifestuje se jako guru. Guru vkročí do našeho života a vytvoří hluboký dlouhotrvající vztah. Tento vztah je jiný než vztah mezi dvěma lidmi. Je to vztah mezi Bohem a duší. Svým působením vyvolá u upřímného žáka proměnu a probudí jej k pravé Přirozenosti čistého vědomí; tak ukončí jeho putování.

Kapitola 11

Pozorování

Velké osobnosti jako Amma uvádí, že svou mysl máme užívat inteligentně; nejen ke zlepšení našich světských záležitostí, ale i k dosažení stavu, který je daleko za naší současnou animální existencí, stavu Božskosti, jenž leží za naší chápající myslí. Amma říká, že lidé mají schopnost zažívat trvalý klid mysli, věčnou blaženost, dokonalé naplnění a jednotu s univerzálním Bytím – *Satčitananda Brahman* – či Bohem. Jsme nejen Božími dětmi, ale i projevením Toho. Jsme jako vlny na hladině oceánu, která je podpírá. Když vlna zanikne v moři, stane se oceánem. Pomocí sádhany a Boží milosti můžeme zažít vlastní vševědoucí a všemohoucí podstatu. Když se nám to povede, staneme se realizovanými bytostmi či *džňáníny*.

Amma říká:

„Děti, zakotvit se na úrovni pozorování představuje pravý smysl života. Můžete pak pracovat, používat mysl i intelekt. Můžete mít dům, rodinu, spoustu rodinných povinností i množství oficiálních úkolů, ale když jste pevně zakotveni ve svém skutečném Středu, můžete dělat cokoli, aniž byste Jej opustili. Tento stav neznamená, že budete líní a nedostojíte svým povinnostem. Můžete se zajímat, jak vaše děti prospívají ve škole, jak vypadá zdraví rodičů, vašeho partnera atd., ale u všech problémů zůstáváte pozorovatelem všeho, co se děje i všeho, co děláte vy. Uvnitř jste dokonale klidní a nerušení.

„Když herec ve filmu hraje darebáka, střílí a vzteká se na svého protivníka, je krutý a zákeřný, je však ve svém nitru skutečně takový? Skutečně se tak chová? Samozřejmě, že ne; své jednání jen pozoruje. Psychicky má odstup a chová se tak, aby nebyl vtáhnut do děje. S vnějšími projevy svého těla se neztotožňuje. Stejně tak ten, kdo se nalézá ve stavu pozorovatele, zůstává nedotčen a nerušen za všech okolností."

Postoj pozorovatele je něco, co může praktikovat každý z nás. Je to otázka vytrvalého a vědomého úsilí. Kdykoli máme pocit, že se náš obvyklý klid začíná měnit ve zlost, lítost, strach či chtíč, zkusme spočinout ve svém srdci; zastavme se a opatrně pokračujme. Nesedejme jako moucha na lep. Praktikujme odstup, nereagování.

Thomas Jefferson pravil, že pokud se zlobíte, tak než něco řeknete, počítejte do deseti. Pokud se zlobíte silně, počítejte do sta.

„Nestěžujte si svému okolí, že se na vás lidé zlobí, že vás kritizují a nadávají vám. Za jejich kritiku jim dejte lekci. Jednoduše buďte zticha. Zkuste se uklidnit. Váš klid druhého člověka odzbrojí. Když reagujete či chcete oponovat, dáváte najevo, že jste přijali to, co váš oponent říká a on bude ještě pokračovat. Hádka pak nemá konce a výsledkem bude ponížení, vztek, nenávist, pomsta a další. Proč se chcete angažovat v tak sebedestruktivním jednání? Udržujte ticho, buďte v klidu. Nebo, chcete-li to přijmout, berte to jako Boží vůli. Pokud jste velmi neústupní a rozhodnete se hádku přijmout jako démonické soutěžení, nikdo vás před výslednou katastrofou nezachrání, ani sám Bůh."

— Amma

Jak zvládat kritiku

Byl kdysi jeden politik, který se snažil, jak nejlépe dovedl. Byl to však člověk a dělal chyby, čímž si vysloužil kritiku. Novináři opakovaně psali o jeho pochybeních. Politika to natolik vyvedlo z míry, že odjel na venkov navštívit svého přítele, farmáře. „Co budu dělat?" Zdrceně se ptal politik. „Snažil jsem se tolik. Nikdo se nesnažil víc a udělal jsem pro lidi tolik dobrého. A podívej, jak mě kritizují!"

Starý farmář však sotva mohl slyšet stížnosti médii pronásledovaného politika, protože jeho lovecký pes nepřestával štěkat na měsíc v úplňku. Psa okřikl, ten ale štěkal dál. Nakonec farmář řekl politikovi: „Chceš vědět, jak zacházet s neférovou kritikou? Tady to vidíš. Poslouchej toho psa; a teď se podívej na měsíc a uvědom si, že jako ten pes, lidé na tebe budou pokřikovat, podrážet ti nohy, kritizovat. Ale tady máš lekci: Přestože pes stále štěká, měsíc stále svítí!"

Zpočátku se to může zdát nemožné, ale jeden úspěch povede k dalšímu. Co musíme udělat, je neztratit vytrvalost a opakovaným úsilím posílit svou vůli. Amma klade velký důraz na vlastní úsilí. Nakonec se nám podaří stát se dokonalým svědkem i za nejnepříznivějších okolností. Jakkoli však uspějeme, nesmíme ztratit skromnost. Nebo můžeme tuto praxi nazvat „láskyplné pozorování". Vždy bychom si měli uvědomovat, že každý úspěch, poznání i pochopení, je dáno pouze milostí našeho gurua či Boha. Skutečně velký člověk je skromným člověkem.

Sokratova skromnost

Je dochováno, že Delfská věštírna prohlásila Sokrata za nejmoudřejšího muže na zemi. Několik jeho žáků se za ním tedy vydalo: „Měl bys být šťastný. Věštírna tě prohlásila za nejmoudřejšího muže na zemi."

Sokrates se zasmál a poznamenal: „V tom bude asi nějaký omyl. Jak bych mohl být nejmoudřejším člověkem? Vím jen jednu věc, a sice to, že nic nevím. V tom musí být nějaká chyba. Vraťte se do věštírny a vyřiďte jim to."

Žáci se vrátili a řekli věštírně: „Sokrates sám tvé tvrzení popírá. Že prý tam musí být nějaká chyba. Říká, že není moudrý, že ví pouze to, že neví nic."

Věštírna odpověděla: „Právě proto jsem jej prohlásila za nejmoudřejšího muže, protože jen ti nejmoudřejší řeknou takovou věc."

Jen blázen tvrdí, že je moudrý. Začátek skutečné moudrosti nastává poznáním, že nevíte nic. Jedině tehdy jste v postavení, kdy se můžete něco naučit.

Mladý umělec

Mladý umělec na volné noze se snažil prodat své obrázky mnoha novinám. Všechny ho odmítly. Jeden editor z Kansas City mu sdělil, že nemá talent. Umělec však svým schopnostem věřil a dál se snažil své výtvory prodat. Nakonec získal místo výtvarníka pro církevní propagační materiály. Pronajal si garáž plnou myší, kde začal malovat a dále vytvářel své autorské výkresy v naději, že je někdo koupí.

Jedna z myší v garáži jej musela nějak inspirovat, protože vytvořil komiksovou postavičku jménem Mickey Mouse. Walt Disney byl ve svém živlu!

Abychom získali nezbytnou sílu vůle a dosáhli stavu, kdy se nám podaří fungovat jako pozorovatelé, musíme provádět různá duchovní cvičení. Nyní má většina z nás mysl nesoustředěnou a rozptýlenou, a tedy slabou. Vezměte si tenký provázek a z obou konců ho přitáhněte. Snadno se přetrhne. Když ale svážeme více provazů v lano, uzvedneme s jeho pomocí i těžké předměty. Proto když máme v mysli množství různorodých myšlenek, všechny jsou slabé. Když si ale podržíme jen jednu, mysl extrémně zesílí a my pocítíme stále větší klid. To je význam opakování mantry. Postupně redukuje množství myšlenek na jednu jedinou. V tomto bodě snadno dosáhneme stavu bez myšlenek.

Když to zkoušíme a když de facto provádíme jakoukoli praxi, jejímž cílem je zklidnění mysli, může nás neústupnost mysli unavit a znechutit. Když někdy recitujeme intenzivně mantru, mysl se může otupit. Ve skutečnosti se jedná o velice častý jev. Uvolněte se a dejte si na chvíli pauzu. Není nutné zabít své já, abyste dosáhli realizace. Přílišné úsilí může často vyvolat depresivní stav. Jako když se netrénovanými svaly snažíte zdvihnout příliš velkou zátěž.

Pouštní otec Antonín

Jednoho dne odpočíval svatý Antonín Poustevník se svými žáky vedle své cely, když kolem prošel lovec. Jsa překvapen, že pouštní otec odpočívá, naznačil, že mnich své úsilí bere na lehkou váhu. To by podle jeho představy žádný eremita dělat neměl.

Antonín poznamenal: „Napni svůj luk a vystřel šíp."

Lovec tak učinil. „Napni jej znovu a vystřel další." Řekl svatý Antonín. Lovec to udělal, pak znovu a znovu.

Nakonec řekl: „Bratře Antoníne, když budu mít luk stále napnutý, tak se zlomí."

„Podobně se to má s mnichem". Odpověděl Antonín. „Pokud svým úsilím překročíme mez únosnosti, zhroutíme se. Čas od času je dobré v úsilí povolit a odpočinout si."

Když jsme s Ammou, zkusme zapomenout na své světské i duchovní potíže. Díky koncentraci na problémy občas nedokážeme vnímat její Boží přítomnost. Těšme se z její blažené a léčivé přítomnosti, kterou vyzařuje do svého okolí. Množství lidí uvádí, jak značně se jim po fyzické i psychické stránce uleví, už když jsou jí nablízku. Ponořme se do oceánu blaženosti, který představuje, a vykročme z něj osvěženi a připraveni pokračovat na cestě do našeho Domova.

Kapitola 12

Touha po Bohu

„Odstraňte temnotu nevědomosti myšlenkami na Boha s intenzivní touhou v srdci.
Mělo by nastat naprosté odevzdání Bohu v podobě duše dlící ve vašem nitru."

– Amma

Chceme být šťastni, ale mnozí z nás to nehledáme tam, kam nás odkazují moudří lidé. Samozřejmě, že většina z nás našla štěstí ve spiritualitě, alespoň do určité míry. Víme, že se píše, že jsme Nejvyšším světlem, ale většina z nás se tak necítí ani to nevidí. Nemáme přímou zkušenost skutečnosti – *Aparokšanubhuti*. Na naší zpáteční cestě k Bohu se tak může jednat o dosti frustrující období. Říká se, že na světě žijí jen dva druhy bezstarostných a šťastných lidí: úplně hloupí a úplně moudří. Zbytek bojuje.

Protože nemáme vnitřní blaženost, stále toužíme být šťastnými. Toužíme být šťastní pomocí čehokoli, co máme k dispozici a pak trpíme, protože to, o čem jsme mysleli, že nás učiní šťastnými, s námi po nějaké době nedělá nic. Této záhadě říkáme život.

Toužíme-li po nejvyšším štěstí, pak Amma říká, že nikdy nebudeme zklamaní. Nesmíme tedy přestat, dokud nedosáhneme svého cíle. Co se týče světských cílů, počínají si tak všichni.

Snažíme se, dokud nemáme, co jsme chtěli. Upanišady říkají: „Povstaňte, probuďte se a nepřestávejte, dokud nedosáhnete cíle!" Jedná se o velmi inspirující radu, kterou bychom si měli pamatovat celý život a aplikovat ji na svou duchovní cestu.

Z temného spánku nevědomosti nebudeme vysvobozeni, dokud ze sebe nevydáme naléhavý výkřik jako dítě, které chce skutečně vidět svou maminku. Matka dítě volá, aby šlo domů na oběd, ale dítě je tak zaujato hraním, že ji ani neslyší. Matka volá a volá, ale bez úspěchu. Nakonec přestane. Za nějakou dobu dítě dostane velký hlad a začne plakat, aby jej matka vzala domů. Tohle je očividně předpoklad poznání Boha, intenzivní volání po Něm či úsilí dosáhnout Skutečnosti. Měli bychom volat k Bohu tak, jak toho byla schopná Amma:

> „Ó Matko, mé srdce je zlomené bolestí z oddělenosti od Tebe! Proč se Tvé srdce nesmiluje, když vidí nekonečný proud mých slz? Ó Matko, mnoho velkých duší tě uctívalo a díky tomu ses jim zjevila a na věky se s nimi sjednotila. Nejdražší Matko! Prosím otevři dveře Tvého soucitného srdce pro Tvou pokornou služebnici! Dusím se jako bych se topila. Pokud nejsi ochotna přijít za mnou, pak, prosím, ukonči můj život.
>
> Ó Matko... zde je Tvé dítě, které každou chvíli zemře, topíce se v nepředstavitelné bolesti...jehož srdce se rozdírá... končetiny mu neslouží... Zmítám se jako ryba vyhozená na souš... Ó Matko... Nemáš se mnou soucitu... Už nezůstalo nic, co bych Ti mohla věnovat kromě posledního nádechu v mém životě."
>
> – Amma

Evidentně natolik intenzivní pocit a koncentrace je nutná, aby pronikla iluzí Máji. Nic, co náleží stvořenému, ji proniknout nemůže, protože bude součástí snu. Pouze naprostý klid mysli soustředěné na Boha nás může probrat z hlubokého spánku. V onom stavu zažijeme pravdu, že vše je jedním. Tímto momentem nastává osvobození od veškerého utrpení a dosažení blaženosti.

> Mělo by nastat naprosté odevzdání Bohu v podobě duše dlící ve vašem nitru."
>
> – Amma

Nemysleme si, že Bůh je někde mimo nás. On je vaší podporou, zdrojem energie a inteligence. Měli bychom se snažit pochopit, co znamená „odevzdání". Ve zkratce to můžeme popsat citátem Ammy: „Nedělej si starosti, Amma je s tebou." Jinými slovy řečeno – žijte svůj každodenní život a v různých situacích se chovejte, jak podle své inteligence nejlépe svedete a sami uznáte za vhodné. Výsledky přijímejme jako Boží vůli a zachovejte klid, v dobrém i špatném. Jak v Bhagavad-gítě praví Pán Krišna:

> „Tuto mou Boží iluzi, vytvořenou ze čtyř gun či vlastností přírody, je obtížné překonat. Překoná ji však ten, kdo hledá pouze Mne samotného."
>
> – K. 7, v. 14

> „Zbaveni vášně, strachu a zloby, s myslí soustředěnou na Mne, hledajíce u Mne útočiště, očištěni ohněm (tapas) moudrosti, mnozí se se Mnou sjednocují."
>
> – K. 4, v. 10

> „Ten Cíl by měl být hledán, po jehož dosažení se již nikdo nevrací. „Hledám útočiště u Prvotní Bytosti, jež povstala z Dávného Proudu."
>
> – K. 15, v. 4

„Bůh dlí v srdcích všech bytostí, Ó Ardžuno, ovládajíce je všechny Májou, (jako by byly) zapřaženy za povoz.

Spěchej za Ním celou svou bytostí, královský synu; jeho milostí získáš nejvyšší pokoj – místo, kde budeš navždy v míru odpočívat."

– K. 18, v. 61– 62

Kapitola 13

Buďte jako děti, ale nebuďte dětinští

Devotee: Amma říká, že bychom měli získat povahu podobnou dětské. Když se o to pokusím, dostanu se do velkých potíží s ostatními, kteří s mým nezralým jednáním a mluvením nebudou souhlasit. Dělám tedy něco špatně?

Amma: „Měli bychom získat nevinnost, jako má dítě. Malé děti mají jisté vlastnosti, které jsou velmi vhodné pro dospělé, kteří si přejí duchovní pokrok. Děti však mají i vlastnosti, které bychom zcela jistě ke šťastnému životu rozvíjet neměli. Je to dáno jejich nevyvinutými rozumovými schopnostmi, které se s věkem obvykle rozvinou. Dospělí vyrostou po fyzické stránce, ale někteří se stále chovají dětinsky."

Nejprve si probereme vlastnosti, které bychom podporovat neměli.
Sobectví: Většina dětí je enormně sobecká. Soustředí se pouze na to, co chtějí ony a když to nedostanou, budou zlobit, brečet a vztekat se. Tuto dětskou vlastnost by nikdo dospělý mít neměl, bohužel však realita vypadá jinak. Důvod je ten, jak uvádí Amma, že tělesně jsme sice dospělí, ale náš intelekt nikoli.

Nedostatek rozlišování: Mluví a dělají spoustu zbytečných věcí, aniž by přemýšlely nad důsledky. Jinými slovy nemají vyvinutý rozlišovací cit týkající se toho, co by měly a neměly říkat či dělat.

Neodpovědnost: Nemají smysl pro zodpovědnost a dělají, co se jim zachce. Nemají pocit povinnosti či vlastnění.

„Děti, matka musí mít při výchově dětí velkou trpělivost. Je to ona, kdo utváří dětský charakter. První lekci o lásce a trpělivosti se dítě učí od své matky. Nemůže jen mluvit o lásce a trpělivosti a čekat, že její syn či dcera tyto kvality přijmou. Ne, to není možné. Ve svém jednání s dítětem musí dávat jasný praktický příklad toho, co tyto vlastnosti znamenají.

Dítě dokáže být samozřejmě velice tvrdohlavé a nekompromisní, ale to je případ většiny z nich, protože jejich mysl ještě není plně vyvinutá. Děti se tak starají jen o vlastní potřeby a jsou značně sobecké a nesmlouvavé. To však lze prominout, protože to nestojí v protikladu k vesmírným zákonům. Když však velmi umíněná a netrpělivá začne být matka, je to alarmující, protože tím nastává peklo. Matka musí být trpělivá, trpělivá jako Země.

Otec se na výchově podílí stejným způsobem jako matka. I on musí mít trpělivost. Jakmile ztratí otec trpělivost, důvěřivý a nevinný život dítěte končí. Vyroste z něj netrpělivý a nekompromisní člověk, který nikdy nezažil, co trpělivost znamená – protože mu to nikdo neukázal. Společensky bude takové dítě handicapované. Kamarádi nebudou trpěliví; přítelkyně ani přítel také ne. Společnost nebude mít trpělivost s netrpělivým chlapcem či dívkou. Pokud se děti tyto vlastnosti nenaučí od svých rodičů, nikdo jiný je už lásce či trpělivosti nenaučí.

Děti vyjadřují to, co se naučily a během svého dozrávání zažily. Proto byste měli vůči nim být velmi opatrní. Dávejte pozor na to, co říkáte. Uvědomujte si, co děláte, protože každá věc, kterou uděláte, a každé vámi použité slovo zanechává v dětské mysli hluboký otisk. Dostává se velmi hluboko do srdce, protože se jedná o první věci, které vidí a slyší. Jedná se o první vjemy, které se nesmazatelně otisknou do jeho mysli. Matka je prvním člověkem, se kterým je dítě v kontaktu. Druhým je otec. Poté přijdou na řadu starší sourozenci a později v životě další vztahy. Proto před svými dětmi praktikujte ovládání mysli. Vytvořte jim přívětivou domácí atmosféru, ve které mohou vyrůst. Jinak budete mít v budoucnu množství starostí."

— Amma

Dětské kvality, které Amma považuje za vhodné kultivace, jsou následující:

Život v přítomnosti: Děti zřídka myslí na minulost či budoucnost. Jsou pohlceny přítomností, a pokud jsou okolnosti příznivé, jsou vždy bez starosti a šťastné. Břemeno starostí je zdánlivě kvalitou dospělých.

Rovnost ke všem: Dítě nesoudí. Muž, žena, jakékoli barvy pleti, vyznání či národnosti, bohatí, chudí, mladí nebo staří. V dětských očích jsou všichni stejní. Děti většinou věří všem a nikoho se nebojí.

Absence silné připoutanosti k nějakému předmětu: Dítě si může hrát s hračkou a vypadá to, že ji má nejraději, ale za chvíli ji může odhodit a sáhnout po jiné. Když mu něco vezmete, tak jeho utrpení trvá velmi krátce. To samé se týká i jeho vztahu s lidmi, vyjma jeho nejbližších příbuzných – matky, otce či sourozenců.

Žádná sexuální přitažlivost: Necítí sexuální přitažlivost nebo rozlišení na základě pohlaví. Všechny ženy jsou mámy či tety a všichni muži tátové či strejdové. Netrpí neklidem, který mají dospělí. Žijí ve svém blaženém světě jednoduchosti a nevinnosti.

Zloba trvá krátce: Jejich vztek trvá jen chvíli. Necítí k někomu zášť po dlouhou dobu jako dospělí. Nepovažují druhé za špatné, ani když jsou. Říká se, že král Judištira ze slavné Mahábháráty neměl nepřátele a neznal nikoho zlého, přestože se jej během války pokusily tisíce lidí zabít. Jeho bratranec Durjódhana viděl v lidech jen zlé, dobro vidět neuměl.

Úžas a spontaneita: Malý chlapec z velkoměsta přijel poprvé ve svém životě na vesnici. Stál na chodníku, když zrovna přijel muž s drožkou, který zastavil koně a šel do obchodu. Chlapec se užasle díval na koně, na zvíře, které ještě nikdy v životě neviděl. Když se muž vrátil a chystal se odjet, chlapec poznamenal: „Vy…, pane, chtěl bych vás varovat, on právě vypustil benzín."

Na ulici byl stánek s ovocem, u kterého stála malá holčička se slupkou od banánu v ruce: „Co bys sis přála, dítě?" Ptal se prodavač. „Náplň." Zněla odpověď.

Kapitola 14

Práce jako uctívání

Mnoho devotees má pocit, že nedokážou najít čas, aby se věnovali duchovní praxi; buď mají v životě moc práce, nebo jim chybí vůle. Někteří mají pocit, že je práce ruší. Pohybují se rozpolceně mezi dvěma světy, spirituálním, který je do určité míry naplňuje – doma či v ašramu a pracovním životem. Vzájemný kontrast vnímají velmi negativně. Amma komentuje: „Děti, veškerou vaši práci dělejte jako uctívání Boha." Ale realisticky řečeno, je to vždy možné?

Někteří lidé dosahují klid intenzivní meditací a životem v ústraní. Jiní jej dosahují neustálým soustředěním na Boha či gurua při všem, co provádí. Obojí je obtížné. Ovládnout neklidnou mysl je konec konců velice nesnadný úkol.

Abychom ze své činnosti učinili uctívání, musíme vytvořit oddaný stav mysli i při „nespirituálních" činnostech. Když se ráno vzbudíme, měli bychom v posteli chvíli meditovat a modlit se; tedy aniž bychom běželi ihned do koupelny, do kuchyně nebo pro noviny. Když se modlíme, můžeme žádat Boha, aby přijal veškerou naši denní činnost jako Své uctívání a aby naše mysl k němu plynula jako Ganga do oceánu. Během dne můžeme cestou z práce a do práce opakovat mantru. Po příchodu domů, po večeři a chvíli, kterou strávíme s rodinou, si můžeme přečíst třeba Bhagavad-gítu či Bhágavatam, nebo učení svého gurua. Pokud okolnosti dovolí, můžeme zazpívat pár bhadžanů či se pomodlit. Než se uložíme ke spánku, poprosme Boha o prominutí všech chyb, kterých jsme se během dne dopustili a žádejme, aby se náš spánek stal jednou dlouhou modlitbou k Němu.

Jednou měsíčně můžeme celý den strávit sádhanou, buď doma, nebo, což je ještě lepší, někde mimo domov, na krásném, osamělém místě. Mluvím ze zkušenosti. Když jsem žil v Berkley, než jsem roku 1968 odletěl do Indie, trávil jsem množství času v kopcích, kde nebyli lidé – studoval jsem, meditoval a modlil se. Velmi mně to pomohlo.

> „Samota je zásadní. Potřebujeme čas, kdy budeme provádět pouze sádhanu, abychom očistili mysl a zbavili ji špatných vásán, které jsme v minulosti nashromáždili. Samota zajistí, že mysl nebude rozptylována a tak se bude moci obrátit dovnitř."
>
> – Amma

Tímto způsobem naši každodenní existenci začne pomalu prostupovat vzpomínka na Boha a klid. Začneme si uvědomovat myšlenky a činnost, které náš klid ruší a snažit se o nápravu. Začneme zažívat klid i ve vypjatých situacích. Věci nás již nebudou stresovat jako dříve. Přestaneme tolik reagovat a začneme fungovat z pozice pozorovatele, svědka. Reagování, naše obvyklé „dolů a nahoru" s každou radostí či bolestí, se zmírní.

I ti, kdo dávají přednost samotě před životem ve světě, se musí vyrovnávat s negativními vásánami. Osvícené bytosti uvádí, že vásány či zvyky představují hlavní překážky v zakoušení klidu, který existuje v našem nitru za aktivní myslí. Problém je, že většinu z nich nevidíme a neznáme, protože se ukrývají v našem podvědomí. Pomocí dlouhé intenzivní meditace postupně vyplouvají na povrch, abychom si je mohli uvědomit a začít s jejich odstraněním. Nicméně se zdá, že cesta jogína v jeskyni je mnohem pomalejší a bolestnější než člověka, který se snaží pamatovat na Boha při všem, co dělá. Vásány činorodého člověka vyvstanou, když se setkají s vhodnými okolnostmi. Ti, kteří praktikují intenzivní sádhanu za běžného každodenního života, vyčerpají své vásány mnohem dříve, postupně a přirozeným způsobem při svém kontaktu s okolím.

Když žijeme ve světě nebo s ostatními, skýtá se nám množství příležitostí, jak se zbavit vzteku, jedné z nejběžnějších a nesilnějších destruktivních emocí. Jak můžeme poznat rozsah své skryté zloby, když budeme sedět sami v jeskyni?

Když jsem začínal s duchovní praxí, setkal jsem se s událostí, která na mne měla zásadní vliv. Právě jsem přijel na Arunáčalu a jeden starší devotee mi nabídl, že mě vezme na výlet na některá svatá místa v okolí Tiruvannamalai. Na Posvátné hoře jsme viděli i mnoho jeskynních cel a malých svatyní. Došli jsme na místo, kopec zvaný Pazhavakunram, kde v tamější jeskyni mnoho let přebýval jeden jogín. Stáli jsme trochu bokem, když před jeskyni přišel muž s několika kozami. Z jeskyně náhle vyběhl vztekající se jogín a začal na muže křičet, že pokud tudy bude chodit i nadále a rušit jeho meditaci, tak mu příště všechny kozy zabije.

Taková ukázka vzteku u člověka, který léta meditoval v jeskyni, mne šokovala. Tento postup tedy nebyl pro mne. Onen muž disponoval nepochybně obrovskou silou vůle, ta však očividně nestačila oslabit skryté mechanizmy jeho ega.

Devotee, který touží po boží milosti, by si měl vždy hlídat, co říká. Řeč je velmi silným nástrojem, nejen pro ty, kteří ji slyší, ale stejně – a ne-li více – pro ty, kteří ji pronášejí. Může očistit či zašpinit celou atmosféru, což platí i o lidské mysli.

Diamanty a ropuchy

Před dávnými časy žila jednou jedna žena, která měla dvě dcery. Starší dcera byla matce velmi podobná, zjevem i chováním. Obě byly tak nesnášenlivé a pyšné, že se s nimi nedalo žít.

Mladší dcera se podobala svému otci. Byla milá, hodná a velmi krásná. Protože lidé obvykle tíhnou k tomu, co se jim podobá, matka velice milovala svou starší dceru a tu mladší nenáviděla. Nutila ji jíst v kuchyni na zemi a celý den jí dávala jen dřinu. Něco podobného jako Popelka.

Kromě jiných věcí muselo ubohé děvče dvakrát denně tahat vědro vody z lesní studny, která byla dvě míle od domu.

Jednoho dne, když došla ke studni, objevila se tam chudá žena a prosila o trochu vody.

„Ale ano, paní. Dám vám." Odvětilo laskavě malé děvče. Nabrala ze studny trochu čisté, chladné vody a vědro zdvihla, aby se žena mohla snadno napít.

Žena dopila a pravila: „Jsi tak laskavá, drahé dítě, tak hodná a milá, že ti musím něco dát."

Ve skutečnosti se jednalo o vílu, která se proměnila v ženu, aby viděla, jak se k ní děvče bude chovat. „Dar, který ti dám," pokračovala víla, „je ten, že s každým tvým slovem ti z úst vyjde buď květina, nebo drahokam."

Když se děvče vrátilo domů, dostalo vyčiněno, že se tam tak dlouho zdrželo. „Prosím, promiň mi, mami," řekla ubohá dívka, „že jsem si víc nepospíšila." A jakmile to vyslovila, vypadly jí z úst dvě růže, dvě perly a dva velké diamanty.

„Co to tady vidím?" Zeptala se jí překvapeně matka. „Vidím, že ti z úst vypadly dva diamanty a dvě perly! Jak se to stalo, mé dítě?" Bylo to vůbec poprvé, kdy svou mladší dceru nazvala „mé dítě" a řekla jí něco hezkého.

Ubohé dítě matce vyprávělo vše, co se stalo u studny a jaký že dar od ženy dostala. Celou dobu jí z úst padaly drahokamy a květy.

„To je nádhera," říkala si matka. „Musím ke studni poslat svou starší dceru. Podívej, děvče, co vychází z úst tvé sestry. Nelíbilo by se ti, kdybys dostala to samé? Jediná věc, kterou musíš udělat, je vzít vědro a jít s ním ke studni v lese. Když tě pak žena požádá o vodu, dáš jí napít."

„To je na mne přílišná laskavost," odvětila sobecká dívka. „Nikam pro vodu nepůjdu! Má sestra mi může své šperky dát. Nepotřebuje je."

„Ale ano, půjdeš." Řekla matka „a půjdeš tam ihned."

Starší dcera se tedy ke studni přece jen vydala, s nejhezčím stříbrným džbánem na vodu, jaký doma našla. Celou cestu však neustále reptala a nadávala.

Jakmile byla na dohled studny, uviděla krásnou ženu, právě vycházející z lesa. Přišla a požádala o něco k pití. Jednalo se o tu stejnou vílu, kterou potkala její sestra, ale nyní se víla proměnila v princeznu.

„Nejdu sem proto, abych ti servírovala vodu," odvětila sobecky pyšná dívka. Myslíš si, že se s tím stříbrným džbánem táhnu tak daleko, jen abych ti nabídla něco k pití? Můžeš si nabrat vodu ze studny stejně jako já."

„Nejsi moc zdvořilá," odpověděla víla. „Protože jsi tak pyšná a nepříjemná, dám ti jeden dar. S každým slovem, které vyslovíš, vyjdou z tvých úst hadi a ropuchy."

Ihned po návratu domů se jí matka zeptala: „Tak co, mé drahé dítě, viděla jsi dobrou vílu?"

„Ano, matko," odvětila pyšně dívka, a jakmile promluvila, vypadli jí z úst dva hadi a dvě ropuchy.

„Co to vidím? Co je to?" Zvolala matka. „Co jsi provedla?"

Dívka se snažila odpovědět, ale s každým slovem se jí z pusy hrnuli hadi a ropuchy.

A tak to zůstalo navždy. Drahokamy a perly vycházely z úst mladšího děvčete, které bylo milé a hodné a starší dcera nedokázala promluvit, aniž by nenásledovalo hejno hadů a žab.

Až se nám podaří probudit vnitřní proud pamatování na gurua či Boha, budeme za všemi svými myšlenkami a emocemi pociťovat unikátní ticho. Držet se tohoto ticha budeme moci i při práci, zatímco naše „druhá část" bude plně zaujata činností. Postupně se dokážeme odpoutat od všeho, co děláme a v tichu spočineme – to i při intenzivní práci. Meditace při práci je ve skutečnosti velice efektivní sádhanou. Stáváme se hercem na jevišti, který hraje svou roli, aniž by se s ní ztotožnil. Pak pochopíme význam Shakespearových slov:

> Celý svět je divadlo
> a muži, ženy na něm jsou jen herci
> mají své příchody a odchody
> a jeden člověk hraje v životě
> několik rolí v sedmi dějstvích…

Bojovat bez zášti

Stojí za to zde zmínit příběh, který se stal v životě jednoho krále, který odevzdal Bohu dokonce i své bojové výpravy. Celých třicet let bojoval s velmi silným nepřítelem. Na konci se na jeho stranu přiklonila štěstěna. Jednoho dne nepřítel spadl z koně a král na něj seskočil s kopím v ruce. Stačila vteřina, kopí by probodlo nepřítelovo srdce a veškerému boji by byl konec. Ale v tom velmi krátkém okamžiku udělal nepřítel jednu věc: plivl králi do obličeje a králova ruka s kopím se zastavila. Král si otřel obličej, vstal a řekl nepříteli: „Zítra začneme znovu."

Nepřítel užasl. „Co se děje? Na tuto chvíli jsme čekali třicet let. Doufal jsem, že jednoho dne budeš ležet, já tě kopím probodnu a všemu bude konec. Nikdy jsem tu možnost neměl, ale ty nyní ano. Mohl jsi mne zabít během vteřiny. Co se s tebou stalo?"

Král prohlásil: „To nebyl obyčejný boj. Dal jsem slib, že budu bojovat bez zloby. Třicet let jsem bojoval a necítil zášť. Až na jeden okamžik, kdy jsem ji ucítil. Když jsi na mě plivl, pocítil jsem vztek a můj boj se stal osobním. Měl jsem chuť tě zabít; ego se prodralo na povrch. Celých třicet let až do této chvíle to nebyl problém, protože jsme bojovali za určitou věc. Nebyl jsi můj nepřítel a nebylo to nijak osobní; neměl jsem zájem na tom, abych tě usmrtil. Jen jsem chtěl vyhrát svou věc. Na okamžik jsem však na to zapomněl. Stal ses mým nepřítelem a já chtěl tvou smrt. Proto jsem tě nemohl zabít. Začněme tedy zítra znovu."

Válka však již nikdy nezačala, protože z nepřítele se stal přítel. Řekl: „Uč mne nyní. Buď mým učitelem a vezmi mne za svého žáka. Také bych chtěl bojovat bez zášti."

Bhagavad-gíta ukazuje princip odpoutaného jednání zcela zřejmým způsobem:

> „Dívej se stejně na bolest jako na radost, na zisk jako na ztrátu, na výhru jako na prohru a priprav se k boji (života)!"
>
> – K. 2, v. 38

„Tak bez připoutanosti neustále vykonávej to, co má být vykonáno. Ten, který jedná bez připoutanosti, dosáhne Nejvyššího."

– K. 3, v. 19

„Ten, jenž zasvěcuje všechny své činy Mně a svou mysl upíná k Mé Věčné Podstatě, není chycen do pasti sebelítosti a je vyléčen z horečky mysli. Duše, jež neustále uskutečňují toto Mé učení s vírou a bez stížností, jsou vymaněny z pout svých činů.

– K. 3, 30– 31

„Tělem i duchem se ubírá jogín cestou činného života a bez touhy po odměně koná své úkoly pro očistu svého srdce. Člověk pevné mysli, dokonale vyrovnaný, lhostejný k výsledkům svých činů dochází míru. Ale člověk nejistý, omámený touhou, je zajatcem vlastních přání."

– Bhagavad-gíta, K. 5, v. 11– 12

Studiem mistrova učení nebo kontaktem s osobností, jakou je Amma, získáváme víru, že učení o spiritualitě představuje nejvyšší Pravdu. Skutečnou podstatu individuální bytosti, mnohem subtilnější než tělo a mysl, představuje nejjemnější princip nezničitelného vědomí, átmánu či „skutečné Podstaty". Átmán a jeho zdroj Brahman, nejzazší Skutečnost, jsou v principu totéž, jako jiskra a oheň. Spiritualita je způsobem života, jež se orientuje na nejvyšší cíl života, kterým je realizace či přímá zkušenost jednoty átmánu s Nejvyšší bytostí - Bohem. Dokud tato zkušenost nenastane, jednotlivec zůstává subjektem koloběhu života a smrti, kterému říkáme *samsára*. Techniky transcendování naší identifikace s komplexem těla a mysli jsou známé jako jóga a měly by být praktikovány, dokud nenastane osvobození ze samsáry.

Chraňte svou víru

„Když ztratíte víru, převládne bolestný pocit marnosti."

– Amma

Jak ztrácíme víru? Někdy ji lze ztratit kontaktem s lidmi či knihami, které zastávají čistý materializmus. Ztratíme tedy svůj spirituální směr či pohled a máme pocit, že jen materializmus dává smysl. Takovou změnu může způsobit dokonce i místo, kde žijeme či jídlo, které jíme. Vydáme-li se cestou materializmu, nakonec propadneme deziluzi, možná v tomto či příštím životě. Individuální duše či *džíva* se s materializmem totiž nikdy nespokojí. Proč ne? Protože ve skutečnosti jsme duší, která je dočasně uvázána k tělu. V celém rozlehlém stvoření neustále hledáme trvalé štěstí. Stav naplnění můžeme však dosáhnout jen a pouze ponořením se v náš duchovní zdroj. Z tohoto důvodu Amma praví, že když ztratíme směr, ovládne nás bolestný pocit marnosti.

„Uvědomte si podstatu toho, co Amma učí a kultivujte vnitřní čistotu. Svět v Bohu a věčné blaženosti, mé děti, bude zářit z vašeho nitra."

– Amma

Jaká je podstata učení Ammy? Poznat svou skutečnou Podstatu. A jak na to? Prvním krokem je kultivace vnitřní čistoty. Čistota těla, mytí a koupele vnitřní čistotu nepřinesou. Kdyby tomu tak bylo, pak by kachny a ryby měly čistou mysl a byly svaté. Všem nám je jasné, jaké jsou čisté a nečisté myšlenky. Čisté myšlenky nás činí klidnými a šťastnými, nečisté nás stresují, berou nám klid a štěstí. Je třeba mezi nimi rozlišovat, první kultivovat a druhých se zbavit, což ale není nic snadného. Díky své nevědomosti ohledně skutečné spirituality, jsme po mnoho věků byli účastni těch druhých, světských myšlenek. Veškerá duchovní praxe existuje za účelem očištění mysli od radžasických a tamasických myšlenek a zvýšení podílu sattvy. Sádhana slouží jen k tomu. Aby se v našem nitru probudila Boží podstata, musíme nakonec překročit i sattvické myšlenky.

Boží svět věčné blaženosti je uvnitř nás; je samotnou podstatou čisté mysli. „Království Boží je ve vás," prohlásil Kristus.

Budeme-li posléze žít v jakémkoli z bezpočtu světů, náš vnitřní pocit bude radost, neustálá a neubývající blaženost a mír. Když je mysl neklidná, to samo o sobě představuje peklo. Tak s čistou myslí budeme žít v blaženosti, i když se dostaneme do pekla. Blažený stav překračuje bolest.

Súfijský světec

Mansur Al-Hallaj byl v 10. století slavným súfijským svatým. Byl mučen a roku 922 po Kr. ukřižován za výrok „Ana al Haq", což znamená „Já jsem Pravda." Zemřel s úsměvem na rtech s poznáním vlastní Podstaty.

Bhagavad-gíta popisuje tento stav následujícími slovy:

„Když jej dosáhne, potom se již neodchýlí od pravdy, neboť žádný jiný stav není pro něho žádoucí. V něm je povznesen nad všechny strasti;

Tato odevzdanost vede k naprostému osvobození od bolesti. Nechť se v ní cvičí s pevností a neochvějných srdcem.

A nechť se nedívá ani na výtvory své obrazotvornosti, ani na hru svých neklidných smyslů.

Tak s myslí ozbrojenou trpělivostí a myšlenkami postupně odvrácenými od příchylnosti k hmotným věcem, dojde věčného klidu.

Cokoliv zneklidňuje a rozrušuje jeho mysl, nechť zkrotí a s pomocí neskonalého Ducha podmaní.

Nechť nejvyšší blaho sestupuje na toho, kdo se zbavil vášní a má v srdci nekonečný oceán klidu, jenž naplňuje Mne a Já naplňuji jej.

Tak je jeho duše vymaněna z myšlenky na dobro a zlo, a tak okouší nekonečnou blaženost v kontaktu s nejvyšším Brahman."

– K. 6, v. 22– 28

Kapitola 15

Velká síla Máji

„Mája, velká síla iluze, nás táhne zpět a brání nám v duchovním pokroku. Své dny tak trávíme ve ztotožnění s tělem a srdcem plným trápení. Jaká škoda, že démon touhy, který nás ovládá skrze iluzorní pokušení, žene člověka do temné propasti Máji a dělá z nás potravu pro boha smrti. Chytne-li vás do svých spárů, běda vám, protože ztratíte svou duši. Všechny vaše starosti pominou, když se vzdáte svých přání a budete doufat pouze v Boha."

— Amma

Mája, Boží síla iluzornosti nás vždy stahuje dolů, od realizace Boha, našeho zdroje, oceánu blaženosti. Dává nám zapomenout na naši skutečnou Podstatu a identifikuje nás s pomíjivou částí naší bytosti, naším tělem a osobností. Jakmile se tak stane, nepoznáme, jak vypadá opravdové štěstí a budeme jej do nekonečna hledat ve smyslových radostech a mysli. Vždy budeme zažívat střídavě utrpení a štěstí, až do smrti. Jedinou chvíli odpočinku nalezneme ve spánku beze snů. Ani smrtí se však tento vnější problém nevyřeší. Stejná deziluze bude trvat v dalším světě, i po něm. Když si výše uvedené uvědomíme a poznáme, že jediným řešením je osvobození, musíme o něj intenzivně usilovat.

Bohužel pro nás, Mája vykresluje mnoho věcí velmi atraktivně, servíruje je jako potenciální zdroje radosti a štěstí a zabraňuje nám vidět stinnou stránku věcí – bolestivé možnosti či pravděpodobnosti. Více než čím jiným jsme klamáni fyzickým zjevem. Fyzická krása přitahuje každého, i když všichni známe rčení „není všechno zlato, co se třpytí." Člověk může mít krásné oblečení, vypadat atraktivně, ale uvnitř to může být zločinec. Kdybychom se mohli podívat pod zevnějšek, všechno kouzlo by zmizelo. Bohužel ani na sklonku života, ve kterém se za Májou honíme, nenacházíme vytoužené štěstí či trvalý klid. Stále opakujeme ty samé věci, jako kráva přežvykující svůj žvanec. Na rozdíl od Ammy nedokážeme díky svému hrubému pohledu vidět v pomíjivém to nepomíjivé.

Nejpodivnější je však skutečnost, že i když to slyšíme, rozumíme tomu a víme, že je to pravda, nejsme schopni vyvinout dostatečné úsilí, abychom celou věc nějak vyřešili. I když se vydáme na zpáteční cestu za Pravdou, naše dávné zvyky nás stále stahují zpět do oceánu samsáry. Máme pocit, že spirituální pravdy jsou pouze zbožným přáním, nikoli ale naléhavou skutečností. Jsme jako tvorové na dně oceánu, kterým se nechce vyplavat na povrch a užívat si světla. Pouze když na nás dolehne naléhává vážnost naší situace, jsme schopni zaujmout adekvátní úsilí a vyplavat. Než se tak stane, Amma bude stále opakovat: „Dělejte toto, mé děti." A my budeme říkat: „Ještě ne, Ammo. Mám na práci ještě jiné důležité věci."

Bohatý obchodník

Byl jednou jeden velice bohatý obchodník, který vlastnil mnoho obchodů a nákupních domů. Na cestě do jeho kanceláře byl malý chrám zasvěcený Šivovi. Každý večer se zde cestou domů zastavil, aby se Bohu poklonil a složil mu k nohám veškeré své starosti. Modlil se slovy: „Pane Šivo, jsem z takového života unaven. Tolik starostí, tolik práce a tolik probdělých nocí! Prosím zbav mne všech těchto problémů a vezmi mne ke svým nohám." Modlil se tak každý den. Do chrámu však chodil až velmi pozdě po své práci, což se nelíbilo duchovnímu, který měl klášter na starost. Chrám se měl zavírat v 9 hodin večer, ale obchodník přicházel až po desáté. Kněz tak musel zůstat vzhůru, dokud muž neodešel. Nemohl s tím nic dělat, protože měl obavu, že přijde o místo, neboť obchodník byl velmi vlivným člověkem. Modlil se tedy k Bohu, aby jeho nepříjemnou situaci nějak vyřešil.

Nakonec kněz vymyslel plán. Když se muž v chrámu objevil, bylo jako obvykle již deset hodin. Kněz se schoval za obraz Šivy a obchodník začal svou každodenní modlitbu: „Pane, jsem z tohoto těžkého života tak unaven. Vezmi mne, prosím, ke svým nohám." Sotva to stačil doříct, z vnitřku oltáře se ozval dunivý hlas. „Pojď, pojď za mnou hned v tuto chvíli a já si tě vezmu navždy!" Muž úlekem málem omdlel. Jakmile mohl promluvit, zvolal: „Pane! Nezlob se, ale mám stovky povinností. Příští týden se mi vdává dcera; syn nastoupil na lékařskou fakultu a manželka se ještě nevrátila z návštěvy mého zetě. Zakoupil jsem další nákupní středisko a tento pátek musím zajít na katastr nemovitostí. Až to vše vyřídím, přijdu, můj Pane!" S těmito slovy vyběhl z chrámu a kněz již nikdy nemusel zůstat dlouho vzhůru, protože muž se tam již nikdy neukázal…

Každým dnem slýcháváme o úspěšných a ambiciózních mladých lidech, kteří náhle zemřeli. *To se ale nám stát nemůže,* myslíme si. Mája nás fascinuje až do úplného konce. Zachytneme se v honbě za nějakým cílem, zapomeneme pravdu a stáváme se „potravou pro Boha smrti". Jedině když svůj život zasvětíme dosažení duchovního poznání, přijdeme v okamžiku odchodu z tohoto světa k Bohu namísto k jiným bohům (smrti).

Ovládnutí přání

Slavný ruský spisovatel a filozof Lev Nikolajevič Tolstoj napsal příběh, který je metaforou naší potřeby omezit svá přání, velká lákadla Máji. Kouzelně zde podává skutečnost, že v zapomnění své smrti klademe přílišný význam na splnění svých cílů.

Kdysi žil jeden rolník jménem Pahom, který tvrdě a poctivě vydělával na svou rodinu, ale nevlastnil ani kousek půdy, takže byl velmi chudý. Blízko jeho vesnice žila žena, která vlastnila malý statek a pozemek o velikosti asi tři sta akrů. Jednou v zimě se doslechl, že žena chce pozemek prodat. Pahom věděl, že jeho soused kupuje padesát akrů, a že žena souhlasí s návrhem, že přijme padesát procent ceny pozemku v hotovosti a počká rok na další splátku.

Pahom a jeho žena dali hlavy dohromady a přemýšleli, jak to udělat, aby mohli také pár akrů koupit. Naspořeno měli sto rublů. Prodali hříbě a polovinu včelstva a jednoho ze synů poslali pracovat jako námezdního dělníka, který si svou mzdu vybere předem. Zbytek si půjčili od švagra a tak se jim podařilo nashromáždit polovinu z ceny pozemku. Pahom si tedy vybral pozemek o rozloze čtyřiceti akrů, který byl zčásti zalesněn a zakoupil ho.

Pahom měl nyní svou půdu. Půjčil si zrní, zasel a sklizeň byla dobrá. Během roku se mu podařilo splatit druhou půli pozemku a vrátit i vypůjčené peníze. Stal se tedy soukromým hospodářem, který obhospodařoval vlastní půdu, kácel vlastní stromy, a pásl své tele na vlastní louce.

Jednoho dne seděl Pahom doma, když se u jeho domu zastavil kolemjdoucí rolník. Pahom se zeptal, odkud jde a cizinec uvedl, že z kraje za Volhou, kde pracoval. Slovo dalo slovo a z muže vypadlo, že v tamějším kraji je lacino na prodej množství půdy a mnoho lidí tam kvůli tomu odchází. Půda je natolik plodná, poznamenal, že jeden rolník tam přišel jen s holýma rukama a nyní má již šest vlastních koní a dvě krávy.

Pahomovo srdce se naplnilo přáním. „Proč mám strádat v této úžlabině," říkal si, „Když jinde je život tak lehký? Prodám svou zdejší půdu a usedlost a s výsledným obnosem tam začnu nanovo a vše zase získám."

Pahom tedy za výbornou cenu prodal svou půdu, usedlost i tele a se svou rodinou odešel do jiného kraje. Vše, co mu rolník povídal, byla pravda a Pahom byl desetkrát úspěšnější než dříve. Zakoupil množství orné půdy a pastvin a mohl si pořídit tolik telat, kolik se mu zachtělo.

V počátečním shonu, zařizování a stavění byl Pahom se vším spokojen, ale když si na to zvyknul, i tam mu něco stále chybělo.

Jednoho dne kolemjdoucí obchodník s pozemky poznamenal, že se právě vrací z velmi vzdálené Baškirské země, kde koupil třináct tisíc akrů půdy za pouhých tisíc rublů.

„Jediné, co člověk musí udělat, je navázat přátelství s náčelníky." Řekl. „Daroval jsem jim šaty a koberce v ceně asi sto rublů, dále bedýnku čaje a pro ty, kteří pijí víno, pár lahví. Půdu jsem pak získal za cenu menší než dvě kopějky za akr."

Pahom se zamyslel: „Tam dostanu desetkrát více půdy, než mám tady. Musím to zkusit."

Nechal tedy svou rodinu, ať se stará o hospodářství, vzal si s sebou jednoho čeledína a vydal se na cestu. Cestou se stavili ve městě, kde nakoupili bedýnku čaje, nějaké víno a jiné dary, jak radil obchodník. Šli a šli, až ušli více než tři sta mil a sedmého dne došli na místo, kde Baškirové měli své ležení.

Jamile Pahoma zahlédli, vyšli ven a shromáždili se kolem nového návštěvníka. Nabídli mu čaj a množství jídla. Pahom vytáhl ze svého vozu dary a řekl, že by rád koupil nějakou zdejší půdu. Baškirové byli velmi potěšeni a řekli, ať počká, že si musí promluvit s náčelníkem. Poslali pro něj a vysvětlili mu, o co jde. Náčelník přišel, chvíli poslouchal a pak kývl hlavou, že se mají odmlčet. K Pahomovi pronesl slova:

„Dobře, ať je po tvé vůli. Vyber si půdu, jakou chceš, máme jí spousty."

„A jaká bude cena?" Ptal se Pahom.

„Naše cena je vždy stejná: tisíc rublů jeden den." Pahom nerozuměl.

„Den? Co je to za míru? Kolik to bude akrů?"

„Prodáváme na dny. Tolik, kolik dokážeš za den obejít, je tvoje. Cena je jeden tisíc rublů."

Pahom byl překvapen. „Ale v jednom dni lze obejít rozsáhlý kus půdy." Odpověděl. Náčelník se zasmál.

„Celý bude tvůj!" Řekl. „Ale s jednou podmínkou: nevrátíš-li se v ten samý den na místo, odkud jsi vyšel, tvé peníze budou ztraceny."

Pahom byl šťasten, ale v noci nemohl spát. Stále myslel na svůj pozemek.

„Jak velkou část půdy obejdu." Přemýšlel. „Snadno za den ujdu třicet pět mil, dny jsou dlouhé a v dosahu pětatřiceti mil to bude slušný kus pozemku…"

Ráno byli Baškirové již připraveni a vše začalo. Vyjeli na kopec, seskočili z koní a vozu a shromáždili se na jednom místě. Náčelník přišel k Pahomovi a ukázal do dáli.

„Podívej," řekl, „to vše, kam jen tvé oko dohlédne, je naše. Můžeš mít půdu, jakou budeš chtít."

Pahomovi zasvítily oči: byla to panenská půda, rovná, jako dlaň ruky, černá jako semena máku, s různými druhy trav do výšky prsou ve svých štěrbinách. Sundal si tedy svrchník, do kapes u vesty dal malý balíček chleba a ke kalhotám si uvázal láhev vody. Byl připraven. Chvíli přemýšlel, jaká cesta bude nejlepší – lákavě to vypadalo všude.

Pahom se vydal na cestu a nešel ani pomalu ani rychle. Ušel asi tisíc metrů, zastavil se a usoudil, že musel ujít nejméně tři míle. Velmi se oteplilo; podíval se na slunce a právě nastal čas na snídani.

„Půjdu ještě další tři míle," uvažoval, „a pak se dám doleva. To místo je tak nádherné, že by byla škoda o něj přijít. Čím déle člověk jde, tím lákavěji to tu vypadá."

Chvíli pokračoval rovně, a když se ohlédl, pahorek již skoro neviděl, lidé se mu zdáli jako malí černí mravenci a jediné, co viděl, byla nějaká věc lesknoucí se na slunci. „Jojo," přemýšlel Pahom, „Tímto směrem to již stačí; je čas se vrátit. Kromě toho mám velkou žízeň."

Pahom šel a šel; tráva byla vysoká a bylo horko. Pomalu začínal být unavený; podíval se na slunce a viděl, že bude poledne. „No," uvažoval, „musím si odpočinout." Chvíli si sedl, snědl kus chleba, trochu se napil, ale říkal si: „Hodinu trpět, ale do konce života si užívat," a vydal se opět na cestu.

Ušel dlouhou cestu a opět se zadíval na pahorek. Vzduch se tetelil horkem a díky nejasným obrysům nikoho na pahorku neviděl. Pohlédl na slunce a to bylo již půl dráhy od horizontu. Pahom měl však před sebou ještě deset mil.

Namířil si to tedy rovnou cestou ke kopci, ale nešlo se mu dobře. Byl vyčerpán horkem, jeho bosé nohy plné ran a škrábanců a přestávaly sloužit. Toužil po odpočinku, ale pokud se chtěl vrátit, než slunce zapadne, nebylo na něj ani pomyšlení. Slunce nečeká na nikoho a zapadalo čím dál rychleji.

Pahom se dal do kroku, šlo se mu velmi špatně, ale stále zrychloval. Bičoval se k výkonu, ale byl stále daleko od cíle.

Posléze se rozběhl. „Co mám dělat?" Přemýšlel opět. „Vzal jsem si toho příliš a celý obchod přijde vniveč. Před západem slunce se tam nedostanu."

Strachem se mu začalo ještě hůře dýchat. Pahom ještě zrychlil, propocená košile a kalhoty se mu lepily na tělo a ústa měl vyprahlá. Hruď mu pracovala jako kovářské měchy, srdce bilo jako na poplach a nohy se hnaly, jako by patřily někomu jinému.

Pahoma jímala hrůza, že zemře vyčerpáním. Smrti se bál, ale nedokázal přestat. „Když jsem už uběhl tak daleko, byl bych blázen, kdybych se teď zastavil." Běžel a běžel, až přiběhl blíže a slyšel, jak na něj Baškirové pokřikují a volají. Jejich křik Pahomovi ještě víc rozpálil srdce. Sebral své poslední síly a běžel dál.

Slunce již stálo nízko nad horizontem a zdálo se, že každou chvíli zapadne, ale Pahom byl již takřka u cíle. Už viděl osoby na pahorku, jak mu mávají a jdou vstříc. Ze svých posledních sil se rozběhl a tělo měl tak ohnuté dopředu, že nohy jen obtížně zvládaly jeho tempo, tak tak, že nespadl. Jakmile doběhl na úpatí kopce, najednou se setmělo. Pohlédl vzhůru – a slunce nikde! Vykřikl: „Všechno mé úsilí bylo na nic!" Už se chtěl zastavit, ale uslyšel, že Baškirové stále volají. Vzpomněl si, že z jeho pohledu to vypadá, že slunce již zapadlo, ale lidé na pahorku jej stále ještě vidí. Zhluboka se nadechl a vyběhl na kopec. Slunce tam ještě svítilo. Byl nahoře. Náčelník seděl a smíchem se popadal za břicho. Pahom vykřikl, nohy mu odmítly službu a skácel se na zem. Byl mrtev…

Jeho čeledín vzal lopatu, vykopal velkou díru, aby se do ní Pahom mohl vejít a pohřbil jej. Sto osmdesát centimetrů od hlavy až po paty bylo vše, co potřeboval.

Kapitola 16

Bůh je konatelem

Vásány dokáže odstranit pouze Boží milost

V jedné z bitev mezi démony a nebeskými bytostmi vyhráli bohové. Podobné bitvy mezi pozitivními (ctnostmi) a negativními (neřestmi) silami se odehrávají na všech úrovních vědomí stále. Někdy vyhrají pozitivní kvality, jindy převezmou nadvládu negativní. V tomto konkrétním případě vyhrály nebeské bytosti; objevila se u nich pýcha a začaly si myslet, že vyhrály díky svým schopnostem. Zapomněly na neviditelnou sílu stojící za veškerými činy, která se popisuje jako Zdroj života, Bůh či Boží moc.

Aby s jejich domýšlivostí skoncoval, protože se jedná o zásadní překážku na duchovní cestě, objevil se před nimi soucitný nejvyšší Brahman. Vzal na sebe podobu záhadného ducha, *jákši*, nadlidské, neskutečně mocné bytosti s gigantickým tělem, kterého nebeští obyvatelé nikdy dříve nespatřili. Neskutečně oslnivé jákšovo vzezření je velmi překvapilo.

Agni, bůh ohně, byl vyslán, aby zjistil, o koho se vlastně jedná. Než se však stačil sám zeptat, položil mu otázku sám jákša. Na dotaz, kdo je a jakou má moc, bůh ohně pyšně odpověděl, že je všemi uznávaný bůh ohně, nejvyšší mezi nebeskými bytostmi, který dokáže na popel spálit celý svět, dávaje tak své schopnosti na odiv. Jákša tedy před Agniho položil stéblo slámy, ať ukáže, co umí. Agni však neukázal nic, protože Nejvyšší síla stojící za vším konáním, mu odebrala schopnost pálit. Agni se malého stébla slámy nemohl ani dotknout, ani je setřást… Se sklopenou hlavou, plný studu a frustrace se vrátil k božským bytostem.

Poté přišel na řadu Váju, bůh větru. I on se vydal zjistit skutečnou podobu tajemné bytosti. Dostal stejnou otázku jako Agni a čekal ho podobný osud. „Dokážu odfouknout vše na zemi!" odpověděl Váju pyšně. Jákša před něj tedy položil stéblo trávy, ať fouká. Váju se snažil, ale stéblo se ani nehnulo. Snažil se znovu, s největší silou, jakou dovedl vynaložit, ale nic. Jeho ego dostalo výprask. Byl tak sklíčen a vyveden z míry, že se jákši úplně zapomněl zeptat, kdo vlastně je a pokorně se vracel zpět.

Další přišel na řadu sám Indra, král nebeských bytostí, vládce tří světů, který si říkal, že jako král, jistě zvládne to, co ostatní bohové nezvládli. Indra byl skutečně mnohem mocnější než jemu podřízení bohové.

Jakmile Indra došel na místo, kde pobývala ona tajemná bytost, jákša zmizel. Místo něho spatřil krásnou ženu, bohyni Párvatí. Indra se ptal, kam se tajemný jákša ukryl a bohyně poznamenala: „Jákša byl samotnou Nejvyšší bytostí. Pouze díky jeho síle jste porazili démony." Když to Indra uslyšel, pochopil, že bohové byli, nic netušíce, domýšliví a že síla, která funguje za všemi věcmi i bytostmi je Nejvyšší bytost, onen neviditelný činitel. S pokorou se vzdálil a bohyně Párvatí zmizela. Indra poté informoval bohy. Byl prvním mezi nimi, komu bylo dáno poznat všemohoucí rozměr Nejvyšší bytosti, takže je považován za nejvyššího z bohů.

Jedna z věcí, které se můžeme na tomto příběhu naučit, ukazuje, že negativní vásány lze překonat jen s Boží milostí. Bez Jeho síly a vůle se nepohne ani stéblo trávy. Skromnost je základním předpokladem osvojení duchovních principů. Neustále bychom si měli připomínat, že On je režisérem našeho života a stará se i o ty nejmenší z nás. Skutečná skromnost nastane, když si v mysli uvědomíme Jeho přítomnost. Pouhá oddanost nestačí. Je nutná přímá zkušenost pramenící z intenzivní sádhany a odevzdanosti.

Slovy Ježíše Krista, jedné z nejodevzdanějších a nejvěrnějších duší:

> „Podívejte se na polní lilie, jak rostou: nepracují, nepředou – a pravím vám, že ani Šalamoun v celé své nádheře nebyl tak oděn, jako jedna z nich. Jestliže tedy Bůh tak obléká polní trávu, která tu dnes je a zítra bude hozena do pece, neobleče tím spíše vás, malověrní? Nemějte tedy starost a neříkejte: co budeme jíst? Co budeme pít? Co si budeme oblékat? Po tom všem se shánějí pohané. Váš nebeský Otec přece ví, že to všechno potřebujete. Hledejte především jeho království a spravedlnost, a vše ostatní vám bude přidáno."

Za každou událostí v tomto světě, velkou či menší, důležitou či bezvýznamnou, stojí pouze On a je to Jeho síla, která vše vykonává. On sám je příčinou výhry vítěze a prohry poraženého. On koná v našem životě zázraky a inscenuje každou situaci. Podaří-li se nám poznat příčinu, potkáme zázrak. On je všude a přesto Jej nelze spatřit, jako vidíme předměty či osoby. Musíme o Něm tedy meditovat; o Něm jako o Nejvyšší příčině všeho dění v tomto i jiných světech.

„Odevzdání nastává díky poznání vlastní bezmocnosti. Poznání toho, že vše, co považujete za své – intelekt, krásu, kouzlo, své zdraví a bohatství – neznamená před obrovskou a bezprostřední hrozbou smrti nic. Smrt vám sebere vše. Toto poznání vás probudí. Stanete se pozornými. Pochopíte, že si nárokujete věci, které vám ve skutečnosti nepatří. Proto se odevzdejte. Z životních radostí se můžete těšit, ale dělejte to s uvědoměním, že vám mohou být sebrány každým okamžikem. Budete-li žít život s tímto uvědoměním, odevzdání přijde."

„Dokud nezjistíte, že jste bezmocní, že vás vaše ego nezachrání, že vše, čeho jste dosáhli, není nic, guru či Bůh bude vytvářet takové situace, abyste si tuto pravdu uvědomili. Když se tak stane, odevzdáte se. Stane se to, když opustíte všechen strach a necháte gurua či Boha tancovat na svém egu, zatímco mu budete ležet u nohou. V tento okamžik se stanete skutečně oddaným. Tak vypadá pravý význam poklony."

„Konečný osud všech bytostí je zbavení se každé věci, která překáží klidu a spokojenosti. Jakmile to přijde, ego se rozsype a vy již nebudete bojovat. Nebudete ani protestovat, ani se nezastavíte, abyste si rozmysleli, jestli to máte odevzdat či nikoli. Jen se pokloníte a odevzdáte. Hluboko uvnitř čeká na toto velké odevzdání každá bytost."

„Pravá modlitba nikdy neobsahuje žádné návrhy, instrukce či požadavky. Upřímný věřící jen řekne: „Pane, nevím, co je pro mne dobré či špatné. Nejsem nikdo – nic. Ty víš vše. Vím, že ať uděláš cokoli, je to to nejlepší; proto dělej, jak si přeješ." Ve skutečné modlitbě se ukloníte, odevzdáte a vyjádříte Bohu svou bezmocnost."

– Amma

Rozdíl mezi spirituálně orientovaným člověkem a tím, kdo duchovním věcem příliš nevěří, je v postoji k životu, nikoli ve zkušenostech. Každý dostane svůj podíl radosti a bolesti. Dva lidé mohou mít identické zkušenosti, ale jejich reakce bude jiná. Jeden bude profitovat ze své moudrosti, kterou zvýší, zatímco druhý ne. Věřící vidí za vším, co se děje, Boží ruku. Ale pouze mahátma dokáže jasně porozumět Jeho záměrům a vůli.

Buďte sami sebou

Žil jednou v Japonsku chudý muž jménem Hofus, který se živil dobýváním kamene. Každý den chodíval na úpatí hory, kde ze skály vysekával obrovské bloky. Bydlel blízko hory v malém kamenném domku, tvrdě pracoval a byl šťastný.

Jednou vezl náklad kamene do domu jednoho boháče, kde spatřil mnoho krásných věcí. Když se vrátil ke své hoře, nemohl na to zapomenout. Začal si přát, aby i on mohl někdy spát na posteli měkké jako kachní peří, s hedvábnými nebesy a zlatým lemováním. Neustále vzdychal: „Ach! Ach! Kdyby jen Hofus měl to, co on!"

K jeho překvapení se ozval duch hory: „Tvé přání budiž vyslyšeno!"

Když se Hofus vrátil večer domů, jeho malý domek zmizel a na jeho místě stál velký palác. Uvnitř bylo množství krásných věcí a nejlepší ze všeho byla postel z kachního peří, hedvábným baldachýnem a zlatým lemováním.

Hofus se rozhodl přestat pracovat, ale protože byl zvyklý stále něco dělat, čas mu plynul pomalu; dny se zdály velmi dlouhé.

Jednoho dne seděl u okna a kolem rychle projel kočár tažený sněhově bílými koňmi. Seděl v něm princ a kolem něj sluhové v modrobílých šatech. Jeden z nich nad princem držel zlatý deštník. Když to Hofus uviděl, jeho štěstí bylo to tam a zase vzdychal: „Ach! Ach! Kdyby tak Hofus byl princem jak on!"

A opět mu odpověděl hlas, který již zaslechl: „Budiž princem!"

Hofus se okamžitě proměnil v prince. Měl služebnictvo oděné do rudé a zlaté barvy a vezl se v kočáře se zlatým deštníkem nad hlavou.

Krátkou dobu byl šťastný, ale jednoho dne, když se procházel v zahradě, všiml si, že květy jsou povadlé a tráva suchá a hnědá. Když se vrátil, ucítil, že i přes svůj deštník má spálený obličej.

„Slunce je mocnější než já." Zamyslel se a povzdechl si: „Ach! Ach! Kdybych tak sluncem jen byl!"

Hlas odpověděl: „Budiž tedy sluncem!"

Ihned se Hofus stal nesmírným sluncem. Spálil trávu a rýžová pole. Vysušil vodní toky a chudí i bohatí trpěli nesnesitelnými vedry.

Jednoho dne se objevil mrak a rozhodl si odpočinout právě před ním; zakryl tedy Hofusovi výhled na zem. Hofus se rozlítil a zvolal: „Ach! Ach! Kéž bych byl mrakem tak jako on!"

Opět hlas odpověděl: „Budiž mrakem!" Hofus se proměnil v mrak. Poletoval před sluncem a zakryl mu výhled na zem.

Den za dnem pouštěl na zemi déšť. Řeky se vylily z koryt a zaplavily rýžová pole. Voda odnesla města. Jen velký kamenný masiv na úpatí hor stál nehybně uprostřed potopy. Oblak na něj s údivem pohlédl a povzdechl si: „Ach! Ach! Kdyby tak Hofus byl skálou jak on!"

Hlas opět odpověděl: „Budiž kamenem!"

Okamžitě se stal masou kamene. Pyšně stál; slunce jej nemohlo spálit, ani voda odnést.

„Nyní," říkal si pro sebe, „není nikdo mocnější než já."

Jednoho dne jej však z jeho snění probudil pravidelný zvuk, ťuk, ťuk, který vycházel od jeho nohou. Pohlédl dolů a uviděl muže, který zasekává do kamene svůj krumpáč. Ještě jedna rána a velká skála se zatřásla; blok kamene se odlomil. „Ten muž je mocnější než já!" Zvolal Hofus a povzdychl: „Ach! Ach! Kdyby byl Hofus mužem jak on!"

A hlas opět odpověděl: „Buď sám sebou!" A okamžitě byl Hofus zase tím starým Hofusem, chudým mužem, který celé dny dobývá na úpatí hory kámen a večer se vrací do svého malého domku. Ale nyní byl spokojený a šťastný a nikdy již nechtěl být nikým jiným než Hofusem dobývajícím kámen.

Člověk ulehl do postele a zdálo se mu, že cestoval po celém vesmíru. Nakonec se probudil a zjistil, že je ve vlastní posteli. Takový je sen Máji, v kterém se všichni nacházíme.

Kapitola 17

Probuďte se, probuďte se!

„Děti, očistěte svou mysl a pochopte podstatu dharmy. Budete-li stále podporovat touhu po nových věcech, budete zklamaní."

— Amma

Devotee: Proč lidé dělají chyby?

Amma: „Jsme chyceni v iluzi, že ze světa získáme štěstí. Bláznivě pak pobíháme sem a tam, abychom ho dosáhli. Když se naše přání nesplní, výsledkem bývá zklamání a hněv. Bez rozlišování mezi nezbytným a zbytečným děláme to, co se nám líbí. Můžeme říci, že toto je život? Čí je to chyba?"

Devotee: Říká se, že bez Boží přítomnosti a vůle se ve větru neohne ani stéblo trávy. Mohou pak lidské bytosti zodpovídat za chyby, když Bůh dopouští vše, co dělají?

Amma: „Pro člověka, který má přesvědčení, „skutečný konatel je Bůh, nikoli já," je nemožné, aby udělal nějakou chybu. Vidí vše prostoupené Bohem. Pro takového věřícího je nemyslitelné, aby ho jen napadlo, že dělá chybu. Řečeno jiným způsobem; pouze ten, kdo překročil všechny chyby, bude mít víru: „Sám Bůh je konatelem, ani stéblo trávy se bez jeho vůle nepohne." Pro toho, kdo je přesvědčen, že Bůh je konatelem, neexistuje chyba či hřích. Ale člověk, který věří, „já jsem ten, kdo jedná" bude muset přijmout plody svých pochybení. Způsobil-li někdo vraždu, není správné tvrdit, že konatelem je Bůh. Ten, kdo si myslí „Bůh je ten, kdo jedná", nikoho nezavraždí, že?"

Brahmán, který zabil krávu

Žil kdysi jeden starý brahmán, který vlastnil nádhernou zahradu. Velice zahradu miloval a zahradničením trávil množství času. Jednoho dne, když brahmán vyšel ven, aby se podíval, co dělá jeho malý mangový stromek, ke svému největšímu zděšení zjistil, že do zahrady vběhla zatoulaná kráva a právě žrala všechny láskyplně zasazené rostliny. V záchvatu vzteku začal krávu tlouct holí. Vyhublá kráva nedokázala bití unést a zhroutila se mrtvá k zemi.

„Ó Bože! Co jsem to jen udělal! Zabil jsem krávu." Bědoval brahmán. Událost se mezi vesničany rychle rozšířila a oni přišli do jeho domu: „Zabitím krávy jsi vykonal ten největší hřích," pohoršeně komentoval jeden z nich. „Své zahrady sis cenil více než života krávy," dodal další. „Kráva nám dává mléko. Je naše matka a tys jí zabil!" „Kdo si myslíš, že jsi, že můžeš zabít krávu," ptal se starosta vesničanů. „Budeš muset nést důsledky toho, cos udělal. Nyní odcházíme, ale opět se vrátíme."

„Vyženou mě z vesnice. Co mám dělat?" Přemýšlel brahmán. Najednou dostal nápad. „Bůh Indra je bohem, který ovládá ruce." Říkal si. „Takže Indra, nikoli já, musí nést důsledky za zabití krávy. Ano, tohle vesničanům řeknu!"

Vesničané si nebyli jisti, co na brahmánův argument říci. Byla skutečně pravda, že Bůh Indra je božstvo, které ovládá ruce.

Znamená to, že brahmán nemá být obviněn za zabití krávy? Celá situace se usilovně řešila.

Nakonec o brahmánově argumentu uslyšel sám Indra. Brahmánova logika mu dělala starosti, tak se rozhodl, že jej navštíví. Vzal na sebe podobu starého muže a objevil se jakoby náhodou u brahmána na zahradě.

„Pane, jsem v tomto městě cizincem." Řekl brahmánovi Indra. „Jdu právě kolem a všiml jsem si této nádherné zahrady. To jste všechno udělal sám?"

Brahmán se cítil velmi polichocen. „Ano, sám. Vlastníma rukama. O zahradu pečuji jako o vlastní dítě."

„To vidím!" Odvětil Indra. „A co tahle nádherná cestička? Také jste ji vytvořil?"

„Samozřejmě!" Řekl velmi pyšně brahmán. „Byla to velká práce."

„A tento krásný strom?" Pokračoval Indra. „Také jste jej zasadil sám?"

„Přesně tak!" Prohlásil brahmán. „Od rytí až k ovoci, vše je má práce!"

„Teda! A i tato fontána?" Vyptával se Indra.

„Vše, co vidíte, jsem vytvořil sám vlastníma rukama." Vychloubal se brahmán.

V tu chvíli odhalil Indra brahmánovi svou pravou tvář a řekl: „Ó brahmáne, pokud si bereš zodpovědnost za vlastnoruční založení zahrady, neměl bys být i vlastnoručně zodpovědný za zabití krávy? Proč z toho obviňuješ mne, ty ničemo?"

Z jednoho úhlu pohledu je vše Jeho vůle. Z jiného pohledu máme své povinnosti. Společnost může fungovat podle principů, které ustanovil CEO (jednatel) nebo majitel, ale jednotliví zaměstnanci mají vlastní odpovědnost. CEO nemůže zodpovídat za chyby či neplechu zaměstnanců, protože jasně stanovil pravidla.

Bůh vytvořil vesmír a jeho zákony dharmy a adharmy. Podle toho sklízíme své ovoce. On je *karma phala dáta*, dárce ovoce činů, které jsme vykonali. V tomto smyslu, vše je Jeho vůle, to nás však nezbavuje odpovědnosti.

> „Jsme-li konateli činů, musíme sklidit ovoce, které přináší. Když se ale ptáme: „Kdo jsem já, konatel tohoto skutku?" A poznáme svou Podstatu, pocit konání zmizí a tři karmy také. Věčné je toto osvobození."
> – Ramana Mahariši, Skutečnost ve čtyřiceti verších, v. 38

Jakmile získáme pomocí duchovní praxe čistou mysl, bude nám jasnější, jak vypadá správné jednání. I tak můžeme udělat chyby – nikdo není dokonalý, ale ve svém myšlení, slovech i činech mnohem jasněji vycítíme cestu dharmy. Obecně vzato bychom neměli svým pocitům důvěřovat, jednání bychom měli přizpůsobit písmům, tradici či způsobům, které učí moudří lidé. Tak vypadá všemi přijímaný způsob studia dharmy. Budeme-li to ale dělat dostatečně dlouho, nakonec se objeví čistá mysl a naše činy začnou být dharmické automaticky.

Šílenství konzumu

Více než kdy dříve nabývá konzum obřích a všudypřítomných rozměrů i v takzvaných odlehlých oblastech. Lidé blázní po materiálním vlastnictví, které naprosto převyšuje jejich každodenní potřeby. Bohužel tím to nekončí. Do nekonečna se vše stále vylepšuje. Slyšel jsem o člověku, který si kupuje každý měsíc nový notebook, který se na trhu objeví. Zajímalo by mne, co dělá s těmi „starými". Zdá se, že lidstvo je hypnotizováno navštěvovat „centra spokojenosti", aby dosáhlo naplnění. Samozřejmě, že naplnění nikdy nedojde. Jak může vlastnictví někoho uspokojit? Pokud se neustále honíme za věcmi, aniž bychom rozlišovali, co je opravdu nutné a co nikoli, budeme nakonec zklamaní.

Amma varuje, že touha po stále novějších věcech vede ke zklamání a že se jedná o tendenci, kterou bychom neměli podporovat ani u sebe ani u druhých.

V každém oboru činnosti či zábavy vznikají stále novější a novější věci. V každé životní oblasti jsme okouzleni něčím novějším. Kam to vše vede? Doufejme, že nakonec k Bohu, stále Novému. To však nenastane v důsledku pocitu uspokojení, ale spíše v důsledku deziluze a zklamání. Jedině pak pohlédneme dovnitř, abychom našli štěstí naší Podstaty.

Ukrytý nektar

Kdysi, po získání Nektaru nesmrtelnosti z turbulencí vesmírného oceánu se bohové rozhodli, že jej schovají, aby ho lidské bytosti nemohli najít. Velmi dlouze o tom přemýšleli, protože jej chtěli schovat někam, kde by ho skutečně nikdo nikdy nenašel. Někdo navrhl Indrovi, nejvyššímu z Bohů, že by ho mohli schovat na vrcholcích Himalájí, on však odmítl s tím, že lidé tam jednoho dne vylezou.

Někdo jiný navrhl: „Schovejme ho na nejhlubší dno oceánu, žádný člověk ho z toho místa nedostane."

Indra odpověděl: „Ne, lidem se jednoho dne podaří podkopat oceán a řídit tam dopravní prostředky."

Další bůh se zmínil, že by ho mohli schovat na měsíci: „Žádný člověk se tam nikdy nedostane." Indra však také nesouhlasil. Podíval se do budoucnosti a řekl: „Ne, lidé se jednoho dne dopraví na měsíc a určitě by ho tam našli."

Celý problém nebyli schopni nijak vyřešit a navštívili tedy Brahmu, Stvořitele. Pozdravili, přednesli svůj problém a požádali o radu.

Brahma se na chvíli zamyslel a nakonec prohlásil: „Napadlo mě místo, kam se lidé nikdy nepodívají. Umístěte nektar do lidského srdce, protože tam se nikdo nikdy nedívá."

Brahma měl naprostou pravdu. Přestože je nektar lidským bytostem tak blízko, je zároveň i daleko, protože nikdo se nikdy nezabývá tím, aby se díval do svého nitra.

Nelze však říci, že světský život nemá smysl, ale život za životem se snažíme o získání světských cílů a stále nenalézáme spokojenost a klid. Proč lidé dále pokračují v představě, že jim světský život poskytne uspokojení? Dosáhl jej někdo tímto způsobem? A i když to trvá mnoho životů, kdy duše hledá a raduje se ze smyslového života, nakonec se stejně od něj odvrátí a vykročí na velkou cestu k probuzení z dlouhého snu života a smrti. Nelze se tomu vyhnout.

> Odpoutání je skutečná síla. Pochopte, co je tím myšleno, protože jedině v odpoutání lze nalézt dokonalý klid.
>
> – Amma

Je velmi neobvyklé najít člověka, který se zcela probudil do této skutečnosti a tráví všechen svůj čas snahou o zkušenostní poznání Pravdy své Podstaty. Amma by řekla, že takový člověk ve svých minulých životech vykonal množství ušlechtilých skutků či *punyam* a tak v nynějším životě cítí extrémní touhu po Bohu. Nic jiného pro takového člověka nemá smysl či kouzlo. Probouzí se z hlubokého, velmi hlubokého spánku Boží Máji a hoří touhou osvobodit se z moře samsáry.

Velikost realizovaných mudrců je oslavována v mnoha svatých knihách. Připomínají nám, jak mimořádný dar je naše příležitost být s Ammou v kontaktu. Pročítáme-li si opakovaně jejich slova, začneme si uvědomovat Skutečnost, která existuje za fyzickou podobou Ammy.

Ve společnosti mudrců mizí připoutanost; a s připoutaností iluze. Zbaven iluze člověk získává vytrvalost a poté osvobození za živa. Proto hledejte společnost mudrců.

— Šankaračárja, Bhadžagóvindam

Ani poslouchání kněží, ani studiem písma, ni záslužnými činy či jinými prostředky nelze dosáhnout Nejvyššího stavu. Ten jest dosažitelný jen na základě kontaktu s mudrci a jasným zkoumáním své Podstaty.

— Yoga Vašišta

Když se jednotlivec zamiloval do společnosti moudrých, k čemu jsou pravidla disciplíny? Když fouká příjemný a chladivý jižní vánek, k čemu je třeba ventilátor?

— Yoga Vašišta

Posvátné řeky, které nejsou než vodou a sochy, které nejsou než kámen a jíl, nejsou tak mocné jako společnost moudrých. Sice vás očistí během bezpočtu dní, ale pouhý pohled osvíceného člověka vás očistí okamžitě.

— Šrímad Bhágavatam

Amma přišla na náš svět v tuto dobu, protože je velmi naléhavě potřeba, aby zde byla svatá a nepodmíněně milující bytost, která dokáže obětovat sebe sama.

Slovy slavného herce Charlieho Chaplina, který byl mimochodem i velkým humanitárním aktivistou:

„Vyvinuli jsme rychlost, ale uzavřeli jsme se do ní. Stroje, které poskytují blahobyt, nás nechávají bez uspokojení. Letadlo a rádio nás vzájemně přiblížily. Skutečná podstata těchto vynálezů volá po lidském dobru, univerzálním bratrství a sjednocení nás všech.

Naše vědomosti z nás však učinily cyniky, naše chytrost dala vznik nesmlouvavému a nelítostnému jednání; příliš přemýšlíme a málo cítíme. Více než technologii potřebujeme lidskost; více než chytrost, potřebujeme laskavost a shovívavost. Bez těchto vlastností povede život k násilí a vše ztratíme."

Kapitola 18

Odevzdání a odpoutanost

Mnozí z nás jsme četli příběh o ženě, která přišla za Buddhou s přáním, aby přivedl k životu její mrtvé dítě. Odpověděl, že přinese-li mu jedno hořčičné semínko z domu, kde ještě žádný z příbuzných nikdy nezemřel, udělá zázrak. Žena obešla celou vesnici, ale nezískala jediné hořčičné semínko. Uvědomila si důležitou pravdu o povaze života – že vše je pomíjivé a končí oddělením a smrtí. Jedině duše existuje po smrti. I když však tyto pravdy slýcháváme často, vlivem Máji je znovu a znovu ignorujeme a to takřka okamžitě po jejich vyslechnutí.

V Mahábhárátě je situace, kdy přírodní duch jákša, položí slavnému králi Judhištirovi množství otázek, aby vyzkoušel jeho panovnickou moudrost.

Jákša se zeptal: „Co je největší zázrak?"

Moudrý král odpověděl: „Den za dnem bezpočet lidí umírá, ale ostatní si přejí žít navždy. Pane, může být něco větší zázrak?"

Co je to za podivnou sílu tato Mája? Ponechává nás neustále ve stavu zapomnění, jeden život za druhým. Pod jejím vlivem klesáme hlouběji a hlouběji do oceánu všeobecné deziluze a nejsme schopni pochopit ani ty nejjednodušší duchovní pravdy. A co víc, ani nepociťujeme byť jen malou naléhavost k probuzení z dlouhé noci hlubokého spánku do denního světla Božího vědomí.

Amma nám ukazuje cestu, jak se dostat ze sítě připoutaností ven na světlo. Jednou mi řekla, že většina lidí nedokáže pochopit prostý fakt, že každý miluje nejvíc sám sebe; všichni jsme nanejvýš sobečtí. Ve jménu lásky jsme obelháni skutečností, že jsme druhým drazí a oni jsou drazí nám. Naše klamné přesvědčení zažije náraz až ve chvíli, když jsme konfrontováni se sobectvím druhých. Amma nás neodrazuje od lásky, ale ukazuje, jak milovat bez připoutanosti, očekávání a závislosti tak, jak to dělá sama.

Amma: „Naše připoutanosti ve jménu lásky nás vždy stáhnou dolů."

Devotee: „Co tím Amma myslí? Máš na mysli, že má láska k ženě a dětem není opravdovou láskou? Připoutání je znakem lásky, ne?"

Amma: „Synu, jen bytost, která je dokonale odpoutaná dokáže druhé milovat bez jakýchkoli očekávání. Připoutání není znakem skutečné lásky. Ve skutečné lásce se skrze soucítění nesjednotí jen těla, ale i duše. Vždy bude přítomno poznání o proměnlivém či pomíjivém charakteru těla a věčné povaze Nejvyšší Podstaty. Připoutání činí závislým a ničí připoutaného člověka i člověka, k němuž jsme připoutáni. Díky připoutání selhává rozlišování a chybí sebeovládání".

„V Mahábhárátě, slepý král Dhritaráštra byl nadměrně připoután ke svému nejstaršímu synovi Durjódhanovi. Proto nemohl svého syna ani řádně vychovávat ani ho naučit, jak správně přemýšlet a jednat. Výsledkem byl úpadek samotného krále, jeho synů i království. Uveďme i opačný příklad. Šrí Krišna byl zcela odpoután, a proto mohl milovat Pánduovce a zároveň je i učit. Příběh Dhritaráštry a Durjódhany ukazuje, jak sobectví a připoutanost jednoho člověka může způsobit destrukci celé společnosti."

O omezené lásce mezi manželi vypráví Amma následující příběh: Žena doprovází svého muže do lékařské ordinace. Po manželově prohlídce si lékař k sobě zavolá jen ženu a říká: „Váš manžel má velice vážné onemocnění, které je doprovázeno obrovskou mírou stresu. Pokud neučiníte následující, muž bohužel brzy zemře. Každé ráno mu připravte zdravou snídani, buďte laskavá a dbejte, aby měl dobrou náladu. Na oběd mu uvařte výživné jídlo a k večeři mu dejte něco výjimečně dobrého. Nezatěžujte ho s žádnou domácí prací, protože měl pravděpodobně velmi těžký den. Nemluvte s ním o svých problémech, jinak se jeho stres ještě zhorší. A co je nejdůležitější, musíte mu splnit každé přání a touhu a nechat jej, aby se vám mohl vymluvit ze všech svých trápení – nesmí mít absolutně žádný stres. Musíte být extrémně hodná a milá. Pokud to budete dělat příštích deset měsíců, pak si myslím, že se váš manžel úplně uzdraví."

Cestou domů se muž ptá své ženy: „Co doktor říkal?"

„Že brzy umřeš!"

Je pravidlem, že téměř všichni lidé přicházející za Ammou tak činí ze svých egoistických pohnutek. Ona to přirozeně ví, ale přesto všem dává stejnou lásku, aniž by od někoho cokoli očekávala. Tak vypadá pohled bytosti, která žije na úrovni Božího vědomí – kde vše je jen Jednotou.

> „Hoden cti je ten, kdo je v myšlenkách stejný k lidem dobrého srdce, k přátelům, nepřátelům, k lidem nezaujatým, neutrálním, nenávistným, k příbuzným, k spravedlivým i nespravedlivým."
>
> – Bhagavad- Gíta, K. 6, v.9

Když ovoce spadne ze stromu, než dozraje, naříká – z lodyhy vytéká bílá tekutina. Když ale spadne přirozeně, protože uzrálo, nářek se nekoná – odtrhlo se samo od sebe. Díky samotné přirozenosti naší mysli a života na tomto pomíjivém světě, vytváříme množství připoutaností a důsledkem toho naříkáme, když jsme od nich odděleni. To v našem podvědomí zanechá bolest.

Je-li rána hluboká, musíme ji nejprve řádně vyčistit a poté aplikovat dezinfekci. Když ji vyčistíme jen na povrchu a zavážeme, tak se možná zanítí znovu. Praktikovat odpoutání kvůli vzteku a bolesti, který cítíme k někomu, kdo nám ublížil, proto nefunguje. Když afekt odezní, opět se připoutáme, ačkoli si ránu stále neseme v sobě.

Takřka ve všech případech se brzy k někomu či něčemu připoutáme. Nemůžeme být šťastní, aniž bychom nebyli k něčemu připoutaní. Může jít o osobu, zvíře, majetek či postavení. To, co nám působí utrpení, je proměnlivý a sobecký charakter všech věcí. Proto se musíme připoutat k něčemu, co se nezmění, co nás nezraní, nic od nás nebude chtít a bude chtít pro nás jen to nejlepší. Zde vidíme, že uvedený popis odpovídá jen Bohu. V proměnlivém světě, kde skrze lásku hledá každý jen své vlastní štěstí, kde každý je sobecký, dokážeme naplnit svou touhu po skutečné lásce jen skrze mystické sjednocení s Bohem, Podstatou všeho.

To se však snáze popisuje, než dělá. Bůh je neviditelný. Ani vlastně nevíme, zda taková bytost opravdu existuje a pokud tam někde je, zda nás slyší. Není to vše založeno na víře? A jak uvěřit v neviditelnou a nepochopitelnou Bytost?

Různí lidé vnímají Boha různými způsoby. Ať máme jakoukoli víru, Amma říká:

„Univerzální síla existuje ve vás. Této Nejvyšší síly lze dosáhnout pouze pomocí víry a meditace. Stejně jako věříme vědcům, kteří mluví o skutečnostech, kterým nerozumíme, věřme slovům velkých učitelů, kteří mluví o pravdě, neboť v ní žijí. Písma i velcí mistři nás upomínají, že ona Síla, či Bůh jsou naší podstatou. Bůh od nás není vzdálen, ale abychom tento fakt poznali, potřebujeme víru. Bůh není omezeným jednotlivcem, který sedí někde nahoře sám na zlatém trůnu. Bůh je čistým vědomím, které přebývá ve všem. Když tuto pravdu pochopíte, naučíte se přijmout a milovat všechny bytosti."

Posvěcením proudu myšlenek, tj. jeho pozdvihnutím z nižší hladiny světskosti a ukotvení se v myšlenkách na Boha či gurua, dostanou naše světské problémy a potíže nádech triviality. Naše mysl se rozšíří jako obloha a postupně v ní začneme cítit Boží přítomnost. To, co začalo jako víra, se stane zkušeností. Staré rány náležející egu zmizí. Naučíme se přijmout nevyhnutelné bolestivé okolnosti jako požehnání či dar gurua. Ten ve své nekonečné moudrosti ví, co je pro nás nejlepší. Ve všezahrnující připoutanosti k Bohu se rozplynou všechny naše světské připoutanosti.

Devotee: Někteří věřící tvrdí, že i přes svou oddanost trpí.

Amma: „Naléháme na Boha, aby splnil mnoho našich přání. Mysl je naplněná touhami a nikoli podobou Boží. To znamená, že Boha vnímáme jako někoho, kdo pro nás pracuje, což není správné. I když je Bůh sluhou svých věřících, není dobré, když na něj budeme v tomto duchu myslet. Odevzdejte vše k Jeho nohám. Musíme mít odevzdaný postoj a On nás pak definitivně ochrání. Když nasedneme do vlaku či autobusu, svá zavazadla nedržíme v ruce, je to tak? Dáme je na zem. Stejně tak odevzdejte vše Bohu. Ochrání nás. Kultivujte myšlenku, že je vám blízko. Je-li nedaleko místo, kde si lze odpočinout, tak pouhá myšlenka na to, že si své zavazadlo budeme moci položit, nám náklad ulehčí. Pokud si myslíme, že není kde si odpočinout, zavazadlo bude najednou ještě těžší. Podobným způsobem: budeme-li si myslet, že Bůh je blízko, všechen náš náklad se zmenší."

Uvědomování si, že Bůh je skutečností za fenomenálním světem, může být obtížné. Není jen Neměnnou skutečností, ale zároveň představuje stále aktivní Sílu, která umožňuje běh věcí. Stvoření je Jeho hrou či lílou. Někdy to zapomínáme a pyšně proklamujeme své autorství.

Na konci mahábháratské války, Krišna a Ardžuna byli ještě ve voze. Podle tradice měl z vozu nejprve vystoupit kočí a na znak úcty podat ruku válečníkovi, aby i on sestoupil na zem. I když byl Krišna sám Bůh, přijal roli kočího a tak měl být prvním, kdo vystoupí z vozu. Ardžuna tedy čekal, až Krišna vystoupí, ale když Krišna nejevil žádný pohyb, vystoupil sám. Krišnovo jednání jej trochu urazilo.

V odpověď na Ardžunovu nevědomost Krišna vystoupil z vozu; Pán (Božstvo) Hanuman, který seděl vzadu u praporu, odlétl a vůz vzplál plameny. Ardžuna byl v šoku. Šrí Bhagaván vysvětloval, že Hanuman během bitvy chránil vůz před všemi mocnými zbraněmi, které na něj nepřítel vrhal. Dokud Krišna z vozu nevystoupí, tak on se nehne také. Kdyby Krišna vystoupil dříve než Ardžuna, Hanuman by odletěl a Ardžuna i vůz by skončili v plamenech. Krišnova přítomnost byla tedy důvodem, proč vůz držel pohromadě. Ardžunova pýcha, že vyhrál válku a pocit, že jako slavný válečník má nárok na poctu, jej zaslepila ke skutečnosti, že nebýt svaté přítomnosti Krišny, nic z toho by neexistovalo.

Jak Pán uvádí v Bhagavad-Gítě:

„Jsem mocným časem ničícím svět, který působí zánik světů. I bez tebe, by nikdo z válečníků shromážděných v nepřátelské armádě nepřežil."

— K. 11, v. 32

Kdo je Bůh?

Možná nelze Boha poznat či pochopit, ale dle dávných knih a toho, co Amma učí, se skrze Jeho milost s ním můžeme sjednotit.

Alexandr Veliký se jednou zeptal Diogena: „Ty jsi tak vzdělaný a tolik toho znáš. Nemůžeš mi říci něco o Bohu, jaký Bůh je?"

Diogenés chvíli počkal a řekl: „Dej mi jeden den čas."

Alexandr tedy přišel další den, ale Diogenés řekl: „Dej mi ještě dva dny." To stejné následovalo další den, kdy chtěl tři dny, pak čtyři dny, pak pět, šest a nakonec uplynul celý týden.

Alexandr byl netrpělivý a řekl: „Co to má znamenat? Pokud neznáš odpověď, měl jsi mi to říct dávno. Jestli ji víš, tak proč si dáváš tak na čas?"

Diogenés prohlásil: „Ve chvíli, když ses mě zeptal, myslel jsem si, že vím. Ale čím víc jsem se to snažil zachytit, tím více mi to unikalo. Čím více jsem o tom přemýšlel, tím dále jsem byl pravdě. Právě nyní nevím nic a jediná věc, kterou mohu říci, že ti, kteří si myslí, že znají Boha, neznají ho."

Jednou jsem slyšel, jak se devotee pře s osvíceným mistrem, že v neduální zkušenosti samádhi, Bůh zmizí. Mistr odvětil: „Není to tak. Bůh nezmizí; zmizíš *ty* a zůstane pouze On!"

Někdy dostaneme příležitost, abychom si otestovali, jak na tom se svou vírou jsme. Na jednom z turné Ammy po Spojených státech se celá skupina měla sejít na letišti a letět do dalšího města. Swami Purnamritananda, já a dva další devotees jsme se ocitli na špatném letišti. Nevěděli jsme, co se stalo, až když jsme došli k odbavení, a žádné letadlo na letišti nebylo. Neměli jsme u sebe žádné peníze, ani letenky. Letadlo mělo odletět za deset minut. Snažili jsme si zavolat taxi, které by nás zavezlo na správné letiště, ale žádný taxikář nás nechtěl vézt tak krátkou vzdálenost. Všichni jsme si říkali: „Ok, Ammo. Jestli chceš, abychom jeli s tebou, budeš muset jednat rychle." Čekali jsme na kraji chodníku a doufali v nemožné…

Najednou se u chodníku objevilo auto a byl to ten samý člověk, který nás vezl sem, nyní však již přijížděl z druhého letiště. Paní nás bleskově zavezla zpět, my běželi k letadlu a ihned, jak jsme do něj nastoupili, zavřely se dveře… a my si oddechli – Ammaaaaaa!

Odpovědnost

> Amma ukáže cestu k osvobození. Vezme vás za ruku a povede k cíli. Buďte pravdiví a plňte své životní povinnosti. Tímto způsobem dosáhnete klidu mysli.
>
> – Amma

Když někdo něco slibuje, obvykle reagujeme s podezřením. Politici dělají sliby, aby se dostali k moci. Milenec slibuje něco své milé, aby si zajistil vlastní potěšení. Rodiče dávají sliby svým dětem, aby je přiměli udělat něco, co by jinak děti dělaly nerady a děti dávají sliby rodičům, aby nemusely dělat to, co jinak musí.
Všichni tito lidé mají své úmysly, vlastní sobecké důvody, díky kterým něco slibují. Někdy nemají ani sílu, aby sliby dodrželi. Slib, který nám dává Amma, vypadá jinak. Říká, že nám ukáže cestu k osvobození a za ruku nás povede k cíli. Je obtížné představit si sílu či vnitřní zkušenost, která jí dává sebevědomí, aby mohla něco takového slíbit. Když se hlouběji ponoříme do jejích slov, zjistíme, že naše chápání toho, kým je, bude asi trochu jiné, než je ve skutečnosti.

Amma tvrdí, že objasní naši cestu, vezme nás za ruku a povede k cíli – osvobození z koloběhu života a smrti. Jak to může zvládnout? Zajisté jedině tak, když v tomto stavu bude žít také. Pro většinu z nás představuje Amma člověka, který sedí v Amritapuri v Indii a také cestuje každoročně po světě. Jak je tedy možné, aby splnila svůj slib? Určitě to není možné fyzicky. Může to zvládnout pomocí něčeho, co je jako dálkové ovládání? I kdyby tomu tak bylo, jak může dosáhnout na všechny miliony devotees v ten samý okamžik? Co když ji bude potřebovat množství věřících najednou? Jak může slyšet v tu samou chvíli každého a vědět, co ten který člověk v danou chvíli potřebuje? Jen z uvedeného uvažování se nám může zatočit hlava...

Některá dálková ovládání mohou kontrolovat mnoho přístrojů simultánně, vše z jedné malé krabičky. Dokud se však nestaneme geniálním vědcem či programátorem, i tato věc nám bude připadat složitá. Většina z nás nemá velké technické či mechanické znalosti. Kdysi mě naléhavě zavolal jeden člověk, který v ašramu dělal něco na počítači. Řekli mi, že tiskárna přestala fungovat. Vše dělali správně, ale stroj vůbec nereagoval. Když jsem přišel, tak jsem si všiml, že tiskárnu zapomněli zapnout..

Chceme-li rozumět tomu, co Amma říká, musíme se vzdát představy, že je pouhým tělem z masa a kostí obdařeným myslí, jako my. Dokáže-li se postarat o nás všechny, musí být teď a tady s každým z nás, i když ji fyzickýma očima nevidíme. Její vnímání své osoby musí být zcela jiné než naše. Záhadným způsobem dokáže překonat všechny překážky a pomoci nám na cestě.

Bhagavad-gíta praví:

„Celý tento svět je Mnou prostoupen, Má podoba je však neprojevená. Všechny bytosti dlí uvnitř Mne, já však v nich nepřebývám.

Hleď, jsem obsažen ve všech tvarech, žádný tvar však neobsahuje Mne. Má podstata, příčina všeho, udržuje všechny bytosti, ale nepřebývá v nich.

Jako mocný vítr vane od oblohy k obloze a přece nepřesáhne obzory prostoru, tak i všechny bytosti se vznášejí i pohybují ve Mně."

— K. 9, v. 4–6

A znovu:

„Zbožnou oddaností člověk pochopí, že Jsem, co Jsem a kdo Jsem. Když poznal Mou podstatu, bez odkladu vchází do Mne. Ač koná všechny své úkoly, přece je svobodný skrze Mou milost. Dospěl ke Mně, do onoho věčného, neměnného stavu. Jeho vědomí je prosyceno Mnou, a on všechny své činy zasvěcuje Mně jako dar. Ve Mně vidí cíl své práce. Proto i ty se upni ke Mně celou svou myslí.

Drž se jen Mne a budeš se podílet na Mé milosti a zdoláš všechny překážky. Jestliže však v sebeklamu a pýše o Mně nebudeš chtít slyšet, jistě zhyneš. Myslíš-li jen na sebe a říkáš „nebudu bojovat", marné je tvoje rozhodnutí. Neboť sama tvoje povaha tě přinutí k boji. Jsi v poutech svého osudu, Ardžuno. Osudu, ukovaného tvou vlastní přirozeností a čemu by ses v svém omylu chtěl vyhnout, to proti své vlastní vůli jistě vykonáš.

Bůh, Ardžuno, dlí v jádru všech srdcí a v tanci věčného stvoření. Roztáčí všechny věci jako loutky v kolotoči času.

Hledej proto, královský synu, celým svým srdcem útočiště v Něm a skrze Jeho milost dojdeš nejvyššího míru a věčného klidu.

> Takto jsem ti vyjevil moudrost, moudrost hlubší než všechny hlubiny. Uvažuj o ní cele a jednej podle svého uvážení.
> Vyslechni však ještě jednou Má jasná slova, ze všech Mých slov slova nejhlubší, která ti pro tvoje dobro vyjevím, neboť jsi milovaným druhem Mým.
> Mysli na Mne, služ Mně, obětuj Mně, uctívej Mně. Tak přijdeš ke Mně. Vpravdě ti to slibuji, neboť jsi mi drahý!"

A nakonec:

> „Ten, jenž v hodině smrti myslí jen na Mne, opouští tělo a přichází ke Mně. O tom není nejmenší pochyby.
> Neboť na čem ulpívá mysl člověka v hodině smrti, to bude řídit jeho ducha v okamžiku vysvobození, Ardžuno.
> Jestliže tedy na všech místech a v každé době budeš mít stále před sebou Mne jako svůj cíl a všechny své myšlenky věnuješ mně, nemůžeš Mne minout."
>
> – K. 8., v. 5–7

Je jasné, že to neznamená, že když požádáme Ammu o pomoc, nebudeme mít žádné potíže; ale jako rodiče drží ruku dítěte, které se učí chodit a nenechají jej upadnout a zranit, stejně nás ona bude držet ve svých vše pronikajících rukách, budeme-li se držet jejích rad. Proto bychom měli studovat, co učí, abychom poznali, jaké jsou její obecné instrukce a co je míněno konkrétně pro nás. Toť stojí psáno drobným písmem na konci smlouvy.

Kapitola 19

Pravdivost a odpovědnost

Proč mudrci kladou tak velký důraz na pravdu? Relativní pravda je odrazem absolutní transcendentní Pravdy či Brahman v přírodě. Lžeme, abychom chránili své ego, abychom něco získali. Ego představuje přímý protiklad Nejvyšší pravdy. Zakrývá nám pohled na pravdu a dává nám pocit, že jsme oddělenými bytostmi. To je jedna velká lež. Budeme-li se držet pravdy, část svého ega zmenšíme a spirituálně pokročíme.

Když komunikujeme s Ammou, měli bychom se toho držet bez výjimky. Milosrdné či bílé lži nevyjímaje. Lhaní je pro člověka přirozené. Děláme to všichni stále, abychom vypadali lepší a bezchybní. To vše jsou mechanizmy ega. Lžeme dokonce i Pravdě samotné v podobě Ammy, ale bez úspěchu. Ani přehánění nám nevyjde. Vždy zná pravdu o dané situaci či člověku. Lžeme a přeháníme, abychom vypadali lépe, a končíme tím, že vypadáme přesně opačně. Lež prozrazuje nedostatek víry, ničí naši nevinnost a lásku. Ukazuje, že máme raději své ego než Boha a že naše nevinnost uvolnila místo nečestnému jednání. Musíme si dávat velký pozor, abychom se k Ammě nechovali stejně, jako se chováme „tady venku."

Někteří právníci mohou mít pochybnosti, jak dělat svou profesi, když slyší tato slova. Jeden z nich se Ammy zeptal.

Právník: „Jaká je naše cesta, Ammo? Zabýváme se soudními spory, hádkami, lhaním, atd."

Amma: „To je úplně v pořádku, synu; dharmou (povinností) právníka je v obleku hájit zájmy své strany. Není to nic špatného. Právník hájící zločince jen vykonává svou povinnost. I zde se však snaž přijímat jen ty nejpravdivější případy. Hřích nepadne na právníka, když je zločinec díky jeho argumentům zachráněn. Zločinec je zachráněn pouze před právním soudem; Božímu soudu uniknout nemůže. Každý musí nést ovoce svých činů.

„Jako kdokoli jiný, i právník se může obrátit ke spiritualitě a nastane-li u něj skutečná vairágja (odpoutanost), opustit světský život. Do té doby by měl jednat v duchu svadharmy (vlastní dharmy) a vše věnovat Bohu.

„V dřívějších dobách existovala jen pravda. Všechny rodiny vedly pravdivý život. I když byl někdo třeba jen sloužící, neodklonil se od pravdy, i kdyby mu někdo nabízel miliony. Budete-li se držet pravdy, vše ostatní se k vám dostane. Bez pravdy nemůže existovat nic dobrého. Pravda je vše. Pravda je Bůh."

Další vlastnost, kterou bychom měli podle Ammy kultivovat, je smysl pro povinnost. Mluví z vlastní zkušenosti. Vždy jednala zodpovědným způsobem. Přestože žije na subtilní úrovni za vědomím těla a není k nikomu připoutána, stále dělá to, o čem si myslí, že je její povinnost.

Před vznikem ašramu se starala o svou rodinu a další příbuzné, i když se díky tomu dostávala do problémů. Když její otec onemocněl a šel do nemocnice, dávala Amma již daršan v Krišna Bhava. Kromě toho že vykonávala veškeré domácí práce, tak mu vařila jídlo, které nosila do nemocnice vzdálené třicet pět kilometrů. Aby se dostala na autobus do města, musela jít kolem množství lidí, kteří jí nadávali, házeli po ní kameny a posmívali se jí slovy „Hej Krišno." Nic z toho jí však nezabránilo vykonat svou povinnost. Její život představuje neustálé a soucitné konání povinností vůči lidským bytostem, nezávisle na tom, jak velké utrpení musí snášet. Vždy si byla vědoma své povinnosti, světské i duchovní. Na jejím příkladu můžeme spatřit dokonalou manifestaci principů karmajógy: Dělej svou povinnost a výsledek odevzdej Bohu. A buď připraven tak zemřít.

Amma cítí, že její život existuje pro útěchu trpících lidí (džíva) a nasměrování je na cestu k osvobození z koloběhu života a smrti. Tuto povinnost bere natolik vážně, že své tělo nechává podstupovat nepředstavitelné vypětí a utrpení, dnes více než kdykoli dříve. Jak všichni víme, není nic neobvyklého, když sedí osmnáct či více hodin v kuse a utěšuje ty, kteří za ní přichází.

Říká nám, abychom pravidelně prováděli sádhanu, ale klade důraz i na posvěcení našeho každodenního života. Když to neučiníme, klid mysli nám bude vzdálený. Mír, který skrze sádhanu získáme, musí být přenesen do našeho běžného života. Konec konců, běžný život je tím, který nás rozptyluje nejvíc. Musíme najít způsob, jak myslet na Boha po celý den.

Žena, která dostala radu, aby ve svém vnukovi viděla Boha

Stará žena přišla se svým vnukem k osvícenému mistrovi a ptala se, je-li správné, aby se odpoutala od své rodiny a odešla dělat sádhanu do Vrindávanu, na místo, kde trávil své dětství Pán Krišna. Je rozumné, aby přerušila veškerá rodinná pouta?

Mudrc odpověděl: „Prosím, pozorně poslouchej. Co je to, co se na tebe dívá skrze oči tvého vnuka? Co je to za sílu či energii, která prostupuje každou částečku jeho těla?"

„Musí to být Bůh, samozřejmě." Odvětila žena.

„Odejdeš-li do Vrindávanu, budeš muset ve dne v noci uctívat jednoho Boha, obraz Šrí Krišny. Nepředstavuje snad tělo tohoto dítěte stejně dobrou podobu Krišny jako kamenný obraz ve Vrindavanu?" Ptal se swámi.

Žena na okamžik znejistěla, ale pak si řekla, že ten svatý člověk musí mít pravdu. Proč chodit do Vrindavanu, když může stejně dobře uctívat Boha v podobě těla svého vnuka? Copak to není Bůh, který se dívá jeho očima, mluví jeho ústy a uvádí do pohybu všechny jeho tělesné funkce?

Znělo to velmi jednoduše, ale pak přišla pointa. Svatý muž jí řekl: „Na dítě se již nesmíš dívat jako na svého vnuka. Nejsi s ním již jakkoli spřízněná. Musíš se na něj dívat jako na Boha a přerušit s ním veškeré rodinné i světské vazby. Jediné pouto musí být mezi tebou a Bohem v tomto chlapci. Všechnu lásku ve svém srdci dej Bohu v této podobě. To je pravé odpoutání."

Amma nás nežádá, abychom se vzdali světa. Chce, abychom se vzdali svých světských připoutaností a vazeb. Přítel, manželka, muž, musí pro nás přestat existovat. Ve všem musíme vidět jen Boha. Překročit musíme i naše negativní pocity vůči nepřátelům a špatným lidem; i v nich musíme vnímat Boha. Náš světský pohled se musí transformovat, abychom ve všem viděli Boha. Všechny osobní vztahy musíme sublimovat na úroveň univerzálního vztahu s Bohem. Amma je ztělesněním tohoto postoje a jako taková je pro nás největším příkladem.

Amma říká:

> „Když jsme dosáhli lidské podoby, měli bychom se pozvednout k Bohu. Naše individuální já Mu musíme odevzdat, tak se staneme dokonalými. Děti, pro Máju není nic nemožné. Nespadněte do neštěstí, které si říká

Mája. Nestaňte se svědky iluze a trápení. Osvoboďte svou mysl z jejích spárů."

Trvá mnoho, mnoho životů na nižších úrovních, než získáme možnost lidského zrození, ve kterém nám Stvořitel dá šanci, abychom se s Ním sjednotili. Nejvyšší cíl, skutečný smysl lidské evoluce je sjednocení se s jejím Stvořitelem. Amma i písma nám říkají, že dokud nezažijeme jednotu se Stvořitelem, nikdy nemůžeme být dokonale šťastní. Jakkoli rozlehlé a nádherné stvoření nikdy nedokáže naplnit bezednou propast naší touhy po nekončícím, stále novém, výjimečném štěstí.

Oru nimisham engilum (Ani na okamžik) je oblíbená píseň, kterou Amma zpívá. Její slova zní:

> Člověče, když hledáš štěstí v tomto světě, máš klid mysli alespoň na vteřinu?
>
> Aniž bys pochopil pravdu, pobíháš za stínem Máji. Potká tě stejný osud jako mola, kterého oslepilo světlo zářícího ohně.
>
> Postupně ses vyvinul z mnoha vtělení, z červů, různých plazivých tvorů, ptáků a zvířat a stal se lidskou bytostí. Jaký jiný smysl má život než poznání Boha?
>
> Zbav se chtivosti, pýchy a nenasytnosti. Vzdej se iluzorního života a svůj život věnuj oslavě Nejvyššího Brahman. Sjednocení s Nejvyšším je tvé prvorozené právo; neplýtvej tímto drahocenným životem.

Kapitola 20

Člověk – Oslava stvoření

Intuice versus instinkt

Indická písma uvádí, že mezi všemi žijícími bytostmi je pouze člověk obdařen rozlišováním, což jej staví na nejvyšší místo. Zvířata žijící v lese to zaslechla a začala o následujícím tvrzení pochybovat. Prohnaná liška se nad výjimečným postavením člověka v Božím stvoření velmi rozčilovala. Přemýšlela nahlas: „Jsem snad nějakým způsobem hloupější než člověk? Nebo je člověk více mazaný než já, když přijde na to, jak ošálit druhé? Je to ostatně živá bytost stejně jako já. Ve skutečnosti jsem já mnohem spokojenější. Nenosím drahé oblečení ani si každou sezónu nekupuji nový outfit. Trpělivě snáším chlad i horko. Nevyžaduji deštník, aby mne chránil před deštěm ani sluneční brýle, aby mě svit slunce v létě neoslepil. Abych se dostala na jiné místo, nepotřebuji motorku ani vlak. My zvířata vlastníme všechny tyto – a ještě mnohem více vznešených vlastností, proč by měl být člověk považován za tvora, který je nám nadřazený? Musím něco udělat, abych této nespravedlnosti učinila konec."

Liška pobíhala sem a tam a přesvědčovala další zvířata, aby se k ní přidala. Nakonec jich sehnala celou tlupu. Všichni odešli za slonem. Moudrý slon prohlásil: „Bratři, na tom, co říkáte, je nepochybně něco pravdy. Pojďme tedy za jedním obyvatelem lesa a zjistěme, co si o tom myslí. V nedaleké chatrči žije mudrc. Pojďme za ním a přednesme mu naše stanovisko."

Se slonovým návrhem všichni souhlasili. „Swámi, dobře mne znáš." Štěkal pes. „Jsem symbolem vděčnosti. I když mě člověk tisíckrát udeří a jen jedinkrát mi dá trochu jídla, jsem mu vděčný po zbytek života a připraven mu celý život sloužit. Ale člověk zapomíná na tisícerou pomoc, kterou od někoho dostal, a vzpomene si jen jedinou špatnou věc, kterou mu ten samý člověk učinil. Zcela ignoruje všechnu pomoc, která se mu kdy naskytla a je ochoten zabít i své příbuzné, když mu jen jednou, třeba nevědomky, ublížili. Jak tedy můžeš říci, že člověk je nadřazen zvířatům?"

Dále si postěžovala kráva: „Člověk mne bere na pastvu. Někdy mi dá trochu slámy či plev. Já mu na oplátku dávám výživné mléko. Někdy nechá hladovět i mé dítě, jen aby nasytil sebe a své děti. Když jej a jeho rodinu živím, nechá mě přespat na nevábně vonícím a špinavém místě za jeho domem. Ve chvíli, kdy ztratím mléko, jedná se mnou zle a ignoruje mne. Když zestárnu, odtáhne mě pryč a prodá řezníkovi. Tak se chová člověk, kterého vynášíte až do nebes. Prosím, řekněte mi, proč."

Na řadu přišla vrána: „Má snad člověk aspoň tuto vlastnost, co já? I když mně hodí jen malou kůrku chleba, zakrákám a zavolám všechny své bratry a sestry, abych se s nimi rozdělila. Člověk však dělá opak. Ať toho má kolik chce, stále hromadí víc a dokonce se nestydí ukrást chléb i svému sousedovi. Jak může tento sobecký a lakomý tvor být vyšší než já?"

Nyní zašeptala ryba: „Moudrý muži! Nepovažuji člověka jen za něco nižšího, než jsem já, ale přímo za hlupáka! Nijak mu neublížuji. Ve skutečnosti mu pomáhám, protože čistím rybníky, nádrže, řeky a jezera. Jím špínu, kterou hází do vody. A on, místo, aby svému dobrodinci pomáhal, tenhle hloupý člověk mě chytá, zabíjí a jí! Považuješ tak hloupou bytost za někoho, kdo je mi nadřazený?"

Dále zahýkala mula: „Ryba má naprostou pravdu. Podívejte se na můj smutný úděl. Jsem tahač nákladů. Jsem známá pro svou boží trpělivost. Trpělivě snáším nadávky i bití. Bez mé pomoci by lidé v horách uhynuli nedostatkem základních potravin. Nosím jim jídlo a další nezbytné věci. Jaká je moje odměna? Bití a ještě více bití. Je člověk něco víc než já?"

„Povězte mu vše, kamarádi. Povězte mu o svých vlastnostech a nadlidských schopnostech." Připojila se mazaná liška.

„Pane," řekla laň. „Samotná kůže, na které sedíte a meditujete o Bohu, pochází z našeho druhu. Slyšel jste někdy, že by lidská kůže sloužila nějaké dobré věci? V záležitostech krásy se ty nejpůvabnější lidské oči přirovnávají často k těm mým. Mé nádherné parohy zdobí lidské příbytky."

„A také," poznamenal páv. „Mé peří je tak okouzlující, že si je do turbanu zastrčil i Pán Krišna. Bůh Shanmukha mne používá jako Svůj povoz a mnoho Jeho uctívatelů považuje má pera za kouzelný nástroj, který odhání zlé duchy. Ještě nikdo nikdy neslyšel, že by se k podobnému účelu používala lidská kůže či vlasy."

„Všechny mé výměšky jsou považovány za posvátné a vysoce očistné." Odvětila kráva. „Pančagavya[1] představuje nezastupitelnou součást všech posvátných lidských rituálů. Zato zmínka o lidských exkrementech vyvolává u lidí jen nevolnost a pouhý kontakt s nimi je podmíněn následným důkladným mytím či koupelí."

„Může se některý člověk pochlubit tak vynikající schopností čichu, jako mám já?" Ptal se pes.

---

[1] směs pěti kravských produktů: moči, hnoje, mléka, jogurtu a ghí, která se používá při hinduistických rituálech, jako pesticidy a fertilizéry v zemědělství i v tradičním ajurvédském lékařství – pozn. překl.

„A tak úžasnou schopností vidět, jako já?" Dodal jestřáb.

„Dokáže nějaký člověk vidět stejně dobře ve dne i v noci, jako já?" Ptala se kočka.

„Zvládnu úžasné věci. Mám obrovské tělo. Existuje bezpočet příběhů o mé inteligenci. Mé kly a kosti slouží jako materiál pro nádherné slonovinové sochy a obrazy. To vše je pravda, ale prosím, laskavě nám vysvětli, proč je člověk považován za nadřazeného zvířatům. I když s argumenty svých bratrů souhlasím, mám pocit, že pro to musí být nějaký důvod." Řekl slon.

Zvířata trpělivě čekala, co svatý muž řekne.

Mudrc promluvil: „Poslouchejte, moji lesní spolubratři. Vše, co jste zmínili, je pravda. Bůh však člověka obohatil okem rozlišování, intelektem, který rozliší dobré od zlého, pravdu od nepravdy a správné od nesprávného. Vy jste ovládáni instinkty. Člověk může dosáhnout intuice. Může své instinkty ovládnout a pomocí intuice dosáhnout Boha."

„A když to neudělá?" Zeptala se mazaná liška.

„Když to neudělá, pak je samozřejmě horší než zvěř. Když tak učiní, stojí výše než cokoli jiného v celém stvoření." Odvětil mudrc.

Po mužových slovech se zvířata upokojila a odešla.

Americký sen

Mnoho lidí na celém světě má představu, že život a'la Americký sen je učiní šťastnými. Co přesně Americký sen znamená? Definic najdeme spoustu, ale všechny vedou zdánlivě k následujícímu:

> Soubor ideálů, v nichž svoboda zahrnuje příležitost k úspěchu a prosperitě a vzestupnou sociální mobilitu pro děti a rodinu, vznikající na základě tvrdé práce ve společnosti, která nemá mnoho omezení.

Dokonce i v Americe si dnes mnoho školou povinných dětí uvědomuje prázdnotu tzv. Amerického snu o koupi krásného domu, práci, autě a dalších materiálních výdobytcích. Mají pocit, že dobré vztahy jsou mnohem důležitější než jakýkoli materiální objekt.

Problém této analýzy je, že ani tímto se daleko nedostanou, protože i vztahy mohou zhořknout a stát se nepříjemnými či prázdnými.

I Amma samozřejmě ví, že materiální objekty a radosti představují důležité životní cíle. Všimněte si všech jejích humanitárních projektů. Snaží se pokrýt lidem alespoň minimální základní potřeby a poskytnout příležitosti, aby mohli vést spokojený život. Zároveň však říká, že pouze vztah k Bohu dokáže uspokojit touhu lidského srdce po štěstí. Čím blíže jsme Bohu, tím více zažíváme Jeho blaženost a mír. Tuto zkušenost mají všichni věřící v lidské historii.

Osvícené bytosti, z minulosti i současnosti říkají, že když se duše přiblíží konci svého koloběhu životů a smrtí, vznikne u ní nechuť ke světu, která nakonec vede k lásce k Bohu. Je takřka přírodním zákonem, že v onen okamžik člověk potkává gurua, který mu ukáže cestu k probuzení z univerzální iluze.

Jaký je důvod, který nás nutí cestovat v koloběhu života a smrti? Mája zakrývá Stvořitele a projektuje stvořené – to nás zaslepuje ke skutečnosti, že naší podstatou je nezničitelná duše a vyvolává v člověku pocit, že je tělem, které zanikne.

Amma stále dokola opakuje, že se nesmíme spokojit s naším statem quo. Musíme se přiblížit probuzeným bytostem, vzbudit v sobě nespokojenost s Májou a snažit se o probuzení. Rčení „vrána k vráně sedá" to říká jasně.

Slavný mudrc, Adi Šankaračárja, jehož učení Advaita Védanty (o Nedvojnosti) je Ammou i dalšími současnými mistry jako Šrí Ramana Maharši považováno takřka za vlastní, napsal mnoho náboženských i advaitistických hymnů. Jeden z nich, Bhadža Góvindam, vypráví o významu kontaktu s osvícenými bytostmi.

Satsangatve nissangavatvam
Nissangatve nirmohatvam
Nirmohatve nischalatattvam
Nichalatattve jeevanmukti

Společností dobrých člověk odvyká klamnému připoutání;
z nepřipoutanosti povstává osvobození od zklamání,
když zklamání končí, mysl se stává pevnou a nepohnutou;
z nepohnuté a pevné mysli přichází dživanmukti (osvobození v tomto životě).

Uvádí, že překročení samsáry, oceánu života a smrti, je nemožné, pokud nemáme pomoc Boha.

Punarapi jananam punarapi marant
Punarapi janani jathare shayanam
Iha sambare bahudustare
Kripayapare pahi murare

Znovu a znovu se člověk rodí
a znovu a znovu umírá,
a znovu a znovu spí v matčině lůně.
Pomoz mi překročit nepřekročitelné,
nekonečné moře života, můj Pane.

Mája z nás dělá ovce. Pro většinu platí to, že dělají vše, co ostatní. Jen málokdo se zamyslí nad skutečným koncem jeho činů. Smrt a společnost moudrých námi zatřesou, abychom se probudili a hlouběji se zamysleli nad životem.

Swámi Vivekananda a student

Swámi Vivekananda plul lodí na svou druhou návštěvu Ameriky. Na lodi potkal indického studenta, který také cestoval do Ameriky, aby zde získal vysokoškolské vzdělání. Student se tvářil velmi sofistikovaně a arogantně, protože cesta do Ameriky byla tehdy velmi vzácná. Swámiho napadlo, že nastala správná chvíle, aby studentovi ukázal správné životní hodnoty. Jednoho večera, když se setkali na palubě, položil mu swamiji několik otázek.

„Synu, proč odjíždíš do Ameriky?"
„Na vysokou školu, pane. To trvá tak čtyři či pět let."
„A co potom?"
„Vrátím se do Indie. Jsem si jist, že získám výborné zaměstnání a vydělám spoustu peněz."
„A pak?"
Student byl překvapen. To je swámi tak nevědomý, že nezná hodnotu peněz?
„Pak, pane, budu nejšťastnějším člověkem. Všichni otcové, kteří mají dcery na vdávání, za mnou přijdou s nabídkou. Budu v situaci, kdy si budu diktovat vlastní podmínky a vyberu si dívku podle svého."
„A potom?"
Student již začínal ztrácet trpělivost, ale nedal to najevo. V jeho odpovědi se však zračila mrzutost.
„Potom, pane, budeme spolu žít. Přijdou děti. Budu vysokým úředníkem; koupíme si vilu a auto. Děti dostanou to nejlepší vzdělání a veškeré možnosti, aby se jim v životě dařilo. Dcery se výborně vdají a synové určitě odejdou do ciziny, aby studovali a získali skvělou práci."
„A pak?"

Student si byl nyní jistý, že si z něj swámi dělá legraci. Pohlédl mu do obličeje, aby viděl jeho výraz, ale swámi se tvářil smrtelně vážně. S rostoucím vztekem student odvětil:

„Pane, až mé děti povedou samostatný život, pomalu půjdu do penze. Ve své vesnici si pak na důchod postavím malý domek; budu v něm žít, brát vysokou rentu a bude mi fajn."

„A potom?"

V tom okamžiku se student přestal ovládat. Vztekle odpověděl:

„Co je to za otázky? Co mám dalšího říct? Pak umřu!"

Swámi se klidně usmál a řekl:

„Pokud budeš jen vydělávat, jíst, vytvářet děti a jednoho dne zemřeš, jaký smysl má pak lidský život? Copak zvířata nedělají to samé i bez diplomu z USA? Nedělají to samé bez vzdělání i ptáci? A ryby, nepočínají si stejně bez vysokých platů a úžasných vil? Zrození a smrt jsou stejné pro všechny bytosti. Není pochyb, že máme vést řádný život, ale člověk by měl vždy mít velké ideály. Je v pořádku, má-li peníze a postavení, smysl to však má jen tehdy, když tím pomáhá druhým."

Student se zastyděl a toho dne se rozhodl, že bude vést smysluplný život a pomáhat druhým.

Kdyby s ním swámi trávil více času, téměř s jistotou by mysl mladého muže nasměroval k duchovnějším myšlenkám a vyšším cílům, jak to dělá Amma.

Když nějakou věc ztratíme, co děláme, abychom ji našli? Myslíme na ni tak dlouho, dokud si nevzpomeneme, kde je. Stejně tak poznamenává Amma, že jsme mezi všemi svými záležitostmi a věcmi, tj. v tomto světě, „ztratili" Boha. Abychom Jej našli, musíme na Něj myslet. Musíme si pamatovat, že existuje v našem nitru, kde se ukrývá za nekonečným množstvím myšlenek a pocitů. Objevení Boha v našem nitru představuje největší radost, konec veškerého utrpení a příchod největší blaženosti.

Je řada možností, jak na Něj myslet. Džapa, bhadžany, séva atd. Ale jen několik málo věřících má takové štěstí, že se stanou současníky některé z Božských bytostí. Patandžaliho Jóga sútry uvádí, že myslet na osvícenou duši představuje velmi přirozenou a efektivní meditaci, která očišťuje neklidnou mysl. Velké duše jako Krišna, Ráma, Buddha, Ježíš a Šrí Rámakrišna přilákaly svou Boží přítomností obrovské masy lidí. Díky společnosti těchto bytostí mnoho lidí získalo mentální klid a našlo Boha. I my máme stejné požehnání v podobě Boží přítomnosti Ammy a naše šance na poznání Boha jsou tak stejné. Musíme však svou mysl vyprázdnit od světských starostí a naplnit ji myšlenkami na Boha či gurua. V určité chvíli pak nastane okamžik, kdy poznáme, že guru existuje v našem nitru jako naše nejmilovanější Podstata.

Obyvatelé Vrindávanu, chlapci a děvčata pasoucí krávy měli přirozenou oddanost ke Krišnovi. I když vedli svůj každodenní život, na pozadí jejich mysli byla vždy myšlenka na Krišnu. Aby posílil jejich víru a oddanost, Pán Krišna vykonal řadu menších i větších zázraků.

Pokročilí sádhakové (duchovní aspiranti) žádné zázraky či důkazy o boží podstatě svého gurua nepotřebují. Vždy pociťují intenzivní klid a blaženost, která z jejich učitele vyzařuje. Ale my, běžní lidé občas nějaké ujištění potřebujeme. Jsme-li pozorní, postupně zjišťujeme, že milost Ammy do našeho života často přináší zázraky. Abychom si to uvědomili, musíme přijímat vše dobré i špatné jako její vůli.

Blíže si prohlédněte svůj život. Amma je stále s vámi, učí vás a směruje vaši mysl k sobě. Nelekejte se. Buďte stateční a mějte víru v to, co říká: „Jsem stále s tebou, mé dítě." Je s námi a bude s námi navždy.

Slovník pojmů

Advaita Védánta – indická filozoficko náboženská škola pojednávající o nedvojnosti, která vychází z véd a učí o jednotě átman a brahman.

Agni – zde ve významu božstva spojeného s aspektem Ohně

Ajódhja – indické starověké město, kde dle legendy pobýval a vládl Šrí Ráma

Al Hallaj – súfijský mystik z oblasti dnešního Íránu, žijící na přelomu 9 a 10 stol. po Kr.

Amritapuri – duchovní centrum a ašram v Indii, ve státě Kérala, který založila Amma spolu se svými žáky

Ánanda – blaženost

Aparokšanubhuti – přímá zkušenost skutečnosti

Ásána – zde ve smyslu pozice hatjajógy

Ašram – klášter, duchovní středisko, kde obvykle žije duchovní mistr se svými žáky

Átmán – duše, Podstata

Bhadžany – písně s duchovním námětem

Bhagavad-gíta – stěžejní kniha hinduizmu, kde formou dialogu mezi Šrí Krišnou a Ardžunou jsou vysvětleny základní principy spirituality

Brahma – v hinduizmu jeden ze tří nejvyšších Bohů, kterému je připisován aspekt stvoření

Brahmačári – duchovní student, obvykle žijící v ašramu v přítomnosti učitele a provádějící sádhanu, který dodržuje pravidla celibátu

Brahmačáriní – ženský ekvivalent

Brahman – absolutní, neosobní princip Božství

Brahmán – příslušník kasty brahmánů

Brahmánanda – nejvyšší podoba blaženosti, která, je-li dosažena, trvá neustále

Devotee, devotees – zde jednotlivci pokládající Ammu za osobnost, kterou respektují a sdílí její pohled na život

Dharma – 1. zákon, 2. povinnost

Dživanmukti – jednotlivec, který dosáhl osvobození ještě za svého života

Džnanín – osvícená, realizovaná bytost

Grihastašrami – laický duchovní aspirant, který provádí sádhanu a žije rodinným životem

Guny – kvality vnějšího i vnitřního světa

Guru – učitel, zde ve smyslu duchovní učitel, mistr

Hanuman – postava eposu Rámajána, devotee a žák Šrí Rámy, který je znám pro svou mimořádnou oddanost

Indra – jedno z nižších božstev, které ovládá smysly

Jákša – zde mimozemská bytost, duch

Jóga – soubor různých technik a postupů, které mají za úkol dovést jednotlivce do stavu sjednocení s Nejvyšší Skutečností

Karma – 1. činnost obecně, 2. ovoce činů, tj. důsledky našeho jednání v minulosti

Karma phala dáta – dárce ovoce činů, které jsme vykonali

Karmajóga – část jógy, která popisuje činnost vykonávanou s nesobeckým přístupem bez orientace na výsledky činnosti

Krišna bhava – „Role Krišny", druh daršanu, při kterém Amma manifestovala způsob chování Šrí Krišny.

Kuruovci – jedna ze znepřátelených stran eposu Mahábháráta

Líla – boží hra

Mahábháráta – starověký indický epos ve verších, za jehož autora je tradičně považován mudrc Veda Vjása

Slovník pojmů

Mahábháratská válka – hlavní téma eposu Mahábháráta popisující bitvu dvou znepřátelených rodů, na jejímž začátku Šrí Krišna sděluje Ardžunovi své učení
Mahátma – velká duše, osvícená bytost
Mája – iluzivní aspekt skutečnosti
Mantra džapa – opakování mantry
Pánduovci – jedna ze znepřátelených stran eposu Mahábháráta
Párvatí – hinduistická bohyně, manželka boha Šivy
Punyam – ušlechtilé skutky vykonané v minulosti
Radžas – jedna ze tří kvalit skutečnosti, spojená s aspektem činnosti
Ráma – avatar boha Višnua, hlavní postava eposu Rámajána
Riši, rišijové – dávní indičtí mudrci, kterým se připisuje autorství nejstarších duchovních textů hinduizmu, véd a upanišad psaných v sánskrtu
Sádhak – jednotlivec provádějící sádhanu, duchovní praxi
Sádhana – duchovní praxe; cvičení, prováděné obvykle pod vedením duchovního učitele
Sádhu – v indickém prostředí potulný mnich bez domova, obvykle v oranžovém rouchu, žijící z almužen
Samádhi – 1. přirozený stav trvalého nazírání Nejvyšší Skutečnosti, osvícení 2. stav v meditaci, který je dočasný a kdy v uklidněné mysli dochází ke sjednocení meditujícího s objektem jeho meditace
Samsára – koloběh života a smrti; také ve smyslu utrpení
Sanjása – formální duchovní/řádové sliby
Sanjásin – iniciovaný duchovní, který složil formální řádové sliby
Sanjásiní – ženský ekvivalent
Sánskrt – starověký indický jazyk vytvořený pro náboženské a spirituální účely

Satčitánanda Brahman – dosl. „pravda, vědomí, blaženost Brahman." Vše pronikající duchovní Podstata, absolutní Bytí

Satguru – dokonalý duchovní učitel, který má schopnost vést žáka k osvobození

Sattva – jedna ze tří kvalit skutečnosti, popisující čistotu

Séva – nesobecká činnost pro druhé

Šanmukha – jedno ze jmen boha války Kartjéky

Šmasana vajrágja – druh odpoutanosti, která vznikne, je-li jednotlivec konfrontován s úmrtí jiného člověka

Svadharma – osobní dharma jednotlivce

Swámi – čestný titul, používající se v indickém prostředí zjm. pro duchovní představitele

Swáminí – ženský ekvivalent

Šankaračárja – i Šankara či Adi Šankara (788 – 820); filozof, mudrc, hlavní představitel Advaity Védanty, který ve svých dvaceti letech položil základy této filozofie

Šiva – jeden ze tří hlavních bohů hinduizmu, spojený s aspektem ničení

Šrí Bhagaván – „Vznešený", zde označení pro Šrí Krišnu

Šrí Krišna – boží inkarnace, avatar, nar. v Indii 3112 př. Kr.; hlavní postava Bhagavad-Gíty

Šrí Rámakrišna – (1830 – 1886), osvícený duchovní mistr, mystik a filozof žijící v Indii, který kromě hinduizmu přijal i islám a křesťanství

Šrímad Bhágavatam – duchovní text psaný formou příběhů, který se zabývá životem Šrí Krišny

Tamas – jedna ze tří kvalit skutečnosti, spojená s aspektem temnoty

Tapas – odříkání, askeze

Upanišady – hinduistické duchovní texty, které shrnují nejdůležitější myšlenky véd

Vajrágja – odpoutanost
Váju – zde božstvo spojené s živlem Větru
Vásány – latentní tendence, upevněné myšlenky a sklony mysli, podle kterých člověk jedná
Védy – nejstarší duchovní texty starověké Indie
Vrindávan – rodiště Šrí Krišny a místo, kde strávil dětství

www.ingramcontent.com/pod-product-compliance
Lightning Source LLC
Chambersburg PA
CBHW060156050426
42446CB00013B/2849